UM DESAFIO
NO
KILIMANJARO

Coleção Ventos e Aventuras

Vol. 1 — *A Expedição Kon-Tiki*
(8.000km numa jangada através do Pacífico)
7ª ed. - Thor Heyerdahl. Tradução de Agenor Soares

Vol. 2 — *A incrível viagem de Skackleton*
(A saga do *Endurance*)
4ª ed. - Alfredo Lansing. Tradução de Sérgio Flaksman

Vol. 3 — *As fantásticas aventuras do Maitairoa*
(Odisséia brasileira no Atlântico Sul)
3ª ed. - Roberto de Mesquita Barros (Cabinho)
e Roberto Alan Fuchs

Vol. 4 — *Diário de bordo de uma viagem ao Caribe*
3ª ed. - Pancho Audrá

Vol. 5 — *Atravessando fronteiras*
(Aventuras de um ciclista *trotamundo*)
David Cruz

Vol. 6 — *Albatroz*
(A história real de uma mulher que sobreviveu a um naufrágio em alto-mar)
Deborah Scaling Kiley e Meg Noonan. Tradução de Ruy Jungman

Vol. 7 — *Transantártida*
(A travessia do último continente) - Dr. Jean-Louis Étienne
Tradução de Joana Angélica D'Avila Melo

Vol. 8 — *O príncipe pirata*
(Descobrindo os tesouros inestimáveis do navio naufragado *Whydah*)
Barry Clifford e Peter Turchi. Tradução de Outras Palavras

Vol. 9 — *Tekenika*
(Setenta dias sozinho em uma canoa no mar do Cabo Horn)
Giuliano Giongo. Tradução de Élia Ferreira Edel

Vol. 10 — *Um desafio no Kilimanjaro*
(Magia e lições da montanha e do velho continente)
Marcelo Andrade

MARCELO ANDRADE

UM DESAFIO NO KILIMANJARO

*MAGIA E LIÇÕES DA MONTANHA
E DO VELHO CONTINENTE*

JOSÉ OLYMPIO
EDITORA

© *Marcelo Andrade, 1996*

Reservam-se os direitos desta edição à
LIVRARIA JOSÉ OLYMPIO S.A.
Rua da Glória, 344/4º andar
Rio de Janeiro, RJ - República Federativa do Brasil
Printed in Brazil / Impresso no Brasil

ISBN 85-03-00594-8

Gerência editorial: MARIA AMÉLIA MELLO

Editoria: SONIA CARDOSO

Texto final: ANGELA REGINA CUNHA

Fotos: ROBERTO VÁMOS E CLAUS MEYER

Capa: ARTDUPLA (SOBRE FOTO DE ROBERTO VÁMOS)

Foto da quarta capa: ALAN DABBS

Produção e diagramação: ANTONIO HERRANZ

Revisão de provas: FABIANO ANTONIO COUTINHO DE LACERDA
TEREZA DA ROCHA

CIP-Brasil. Catalogação-na-fonte
Sindicato Nacional dos Editores de Livros, RJ

A568a
Andrade, Marcelo
 Um desafio no Kilimanjaro: magia e lições da montanha e do velho continente/Marcelo Andrade. – Rio de Janeiro; José Olympio, 1996.

(Coleção Ventos e aventuras; v. 10)

1. Andrade, Marcelo. 2. Kilimanjaro, Montanha (Tanzânia) – Descrições e viagem. I. Título. II. Série.

96-0531
CDD 916.7826
CDU 916.7826

SUMÁRIO

Introdução, *9*
Compras em Amsterdã, *15*
Tanzânia, uma agradável surpresa, *23*
As neves eternas do Kilimanjaro, *31*
Animação na largada, *37*
Mantendo o ritmo, *45*
Pipoca e paquera, *51*
Duas baixas na equipe, *59*
Não entrega, não entrega!, *65*
As lições de uma conquista, *73*
Histórias de um leopardo, *81*
Susto a caminho de Ngorongoro, *89*
Na beira da cratera, *99*
Orações fervorosas, *109*
Visita aos maasais, *119*
Pedido de casamento, *127*
Entrevista com o baobá, *137*
Os animais do Serengeti, *143*
Vida de leão, *151*
Fim de festa, *161*

UM DESAFIO NO KILIMANJARO

AGRADECIMENTOS

... à I̪piranga,
que teve a visão do meu objetivo,
acreditou no projeto desde o início
e me apoiou no plantio da semente
que hoje é uma árvore frondosa.

... à Darlene Dalto,
que me ajudou a escrever este livro,
e a todos que me apoiaram
com sua amizade e entusiasmo.

... à Lisa,
que hoje me inspira a viver,
cada dia, toda uma vida.

Introdução

*Vovô me ensinou a conhecer
e respeitar a natureza.*

O JUMBO 747 que voava de Amsterdã para Kilimanjaro estava lotado, com quase 400 pessoas a bordo. Caco, Kito, Roberto, Margarida e eu sentamos em filas separadas. Depois do almoço, o Caco começou a nos entrevistar para o *Globo Repórter* que seria levado ao ar no dia 4 de março de 1994. Ele pediu que falássemos um pouco de nosso passado, nossas experiências e nossas expectativas em relação à subida do Kilimanjaro.

Do grupo, eu era certamente quem tinha ligações mais fortes e antigas com a natureza. Ainda guardo uma foto em que eu, com pouco mais de dois anos, apareço de chapéu na cabeça e revólver na cintura, fazendo pose de caçador, de mãos dadas com meu avô materno, Justino Carvalho. Fazendeiro em Araguari, no Triângulo Mineiro, ele me ensinou a gostar de aventura e me levava para caçar codornas, perdizes, pacas e pombas.

Meu avô era da Guarda Nacional, uma organização não militar, e ficou conhecido em Araguari como "coronel". Muito respeitado na região, ele não se impunha pela força, como o apelido pode sugerir, mas pela bondade e sabedoria. Foi caçador numa época em que os animais não estavam em extinção e a caça era uma atividade esportiva, não predatória, semelhante à que se pratica hoje em dia nos parques africanos. E, apesar de caçador, vovô me ensinou a conhecer e respeitar a natureza, identificar os cheiros do mato, perceber pegadas de animais, reconhecer o tempo e a direção dessas pegadas e prever a temperatura da noite pela cor do céu ao entardecer. Ele me ensinou também a só caçar o que fôssemos comer naquele dia.

– Amanhã, se for preciso, caçamos mais – dizia.

Até os oito anos eu morava em Belo Horizonte e passava pelo menos quatro meses do ano em Araguari. Mas, depois, minha mãe morreu, tive que ir para o Rio de Janeiro e perdi contato com essa natureza. Passei um bom tempo longe da fazenda, mas não das excursões. Com 11 anos já escalava as Agulhas Negras, no Parque Nacional de Itatiaia, divisa dos estados do Rio, São Paulo e Minas Gerais. Nesta época, comecei a remar pelo Vasco da Gama e o treinamento era duro. Tinha de acordar às quatro e meia da manhã para, às cinco, estar na Lagoa Rodrigo de Freitas, remando. Os treinos e as competições me prendiam ainda mais à cidade. Gostava daquela vida mas sentia falta da fazenda.

Aos 14 anos resolvi voltar para Araguari e para as caçadas. Vovô me ensinou a tomar café na tampa da garrafa térmica e me batizou de "tenente" das pequenas expedições pela fazenda. Ele era o coronel, seu amigo Luiz Assumpção, o "capitão", e eu, o "tenente". Não sentia medo. Ao lado do meu avô, que dominava completamente aquela região, eu sabia que não corria riscos.

Antes de completar o curso científico, me inscrevi num desses programas de intercâmbio estudantil e fui para os Estados Unidos. Mas não para uma cidade grande, industrial, cheia de gente. Preferi um lugarejo no Idaho, próximo à fronteira do Canadá, onde fui morar numa fazenda de cavalos. Lá arranjei meu primeiro emprego, o de peão numa fazenda de gado ou, se preferirem, caubói. Fui também tratorista.

O trabalho na fazenda e os estudos numa High School não impediram que eu me aventurasse em pequenas expedições com meus novos amigos americanos. No inverno, a única coisa que podíamos fazer era andar pelas montanhas. Uma vez fizemos uma expedição de duas semanas montados em *snowmobiles*, uma moto que se usa na neve. Fomos do Idaho até Montana, passando pelo Canadá, seguindo trilhas nas montanhas e aprendendo a sobreviver na neve. Uma outra vez, levamos uma boiada durante nove dias pelas montanhas, também do Idaho até Montana. Éramos seis peões conduzindo mil cabeças de gado *hereford*, que passava o inverno confinado e na primavera ia pastar nas montanhas.

Eu me sentia o próprio caubói nos *good old days* do faroeste. Dormíamos em *sleeping bags*, ao relento, acordávamos muito cedo e comíamos bastante antes de pegar novamente a trilha. Foi nessa época que aprendi a gostar de um prato chamado *rocky mountain oyster*. Eu não sabia o que era mas achava delicioso. Só quando me disseram que tinha comido testículos de bezerro fritos é que fiquei com nojo. Mas já era tarde demais. Aprendi também a mascar fumo: colocava no canto da boca e depois de um certo tempo tinha de cuspir.

Passei um ano e meio nessa brincadeira que acabou redespertando em mim o gosto e o sentido de novos desafios, e começou a desenvolver minha resistência física para esforços prolongados e em condições adversas. Em 76, voltei para o Brasil e fiz vestibular para veterinária, achando que assim ficaria mais perto dos animais e da natureza.

Pouco depois, no entanto, pedi transferência para o curso de medicina. Acho que nesse momento meu subconsciente entrou em ação e me dirigiu para uma profissão que se transformaria numa ferramenta que carrego comigo e utilizo para sobreviver nos momentos difíceis. E, pensando bem, foi um desses momentos que mudaram minha vida e me ensinaram a suportar a adversidade. Refiro-me à morte de minha mãe, de parto, quando eu tinha oito anos. Ela foi vítima de um erro médico quando dava à luz meu irmãozinho, que também morreu.

Talvez inconscientemente eu tenha decidido ser médico para evitar que erros como aquele voltassem a acontecer. Conscientemente, porém, eu sabia que meus conhecimentos de medicina seriam mais um instrumento para sobreviver nas aventuras em que eu me meteria mais tarde. Uma espécie de patrimônio pessoal, de que a gente lança mão num momento de necessidade.

No segundo ano da faculdade caí de cama com hepatite. Tive que passar três meses em repouso absoluto, sem fazer nada, a não ser ler. Um atlas era o único livro que meu braço alcançava na estante e durante o período de repouso *viajei* por todo o planeta. Decorei o atlas, inventei uma série de viagens aos lugares mais remotos da Terra e planejei uma expedição louquíssima para dar a volta ao mundo. E ali, na cama mesmo, decidi que correria atrás desses sonhos.

Quando fiquei bom, tracei os planos de minha primeira expedição. A partir da Terra do Fogo, na Argentina, eu subiria pela cordilheira dos Andes e costa Oeste dos Estados Unidos até o Alasca, atravessaria o estreito de Bhering, na Rússia, e desceria pela Sibéria até a China. Cruzaria a Mongólia e iria até a Índia. Em seguida, entraria na Europa pela Espanha, voltaria ao Norte da África, atravessaria o deserto do Saara, desceria pela África do Sul, passando antes pelo Kilimanjaro, iria até Dacar, no Centro-Oeste, e aí voltaria ao Brasil.

Claro que essa gigantesca expedição não saiu dos sonhos. Cheguei a fazer alguns cálculos para realizá-la mas esbarrei logo no primeiro obstáculo: a embaixada da então União Soviética não me daria o visto para cruzar o país. Resolvi fazer só a volta das Américas saindo da Terra do Fogo, cordilheira dos Andes, Alasca e voltando ao Brasil pelo Canadá e costa Leste dos Estados Unidos. Falta de tempo e dificuldades em obter patrocínio para uma viagem que custaria pelo menos US$ 1,5 milhão me fizeram desistir de mais essa aventura.

Só em 81 fiz minha primeira expedição: 16 mil quilômetros pelo deserto da Patagônia e cordilheira dos Andes. Foi quando vi a pontinha do Aconcágua e prometi a mim mesmo que um dia subiria aquela montanha. Depois dos Andes, fiz a rota da Amazônia, uma viagem de 20 mil quilômetros num Toyota e num Land Rover atravessando o Pantanal, indo de Rondônia até Manaus pela famigerada estrada Porto Velho–Manaus, de lá até Roraima, Venezuela e Guiana Inglesa. Voltei a Belém pelo rio numa chata de transportar caminhões e de lá fui até Brasília e Rio de Janeiro. Mas isso é assunto para outro livro.

Aconcágua I e II, Saara, Pantanal I, II e III, Mata Atlântica, Desengano... Na entrevista ao Caco, contei só parte dessas aventuras. Não haveria tempo, apesar das 11 horas de vôo entre Amsterdã e Kilimanjaro. Além disso, meus companheiros também tinham que dar seus depoimentos. E todo mundo queria assistir ao filme de bordo, *A louca louca história de Robin Hood*, uma paródia de Mel Brooks do *Robin Hood* do Kevin Costner. Morremos de rir.

Compras
em Amsterdã

Expliquei a eles que o "mal da montanha" é uma loteria.

O GRUPO ERA INEXPERIENTE, mas subir o Kilimanjaro, apesar dos seus 5.895 metros, não apresentava maiores dificuldades técnicas. Mesmo assim, durante o vôo que me levou de Nova York a Amsterdã, não parei um só minuto de pensar na aventura que estava por vir. Tinha passado uma semana de cão em Nova York, com muitas reuniões para tratar do início das atividades do Instituto Pró-Natura nos Estados Unidos e de meus negócios pessoais. Embora exausto, não consegui dormir. Imaginava a subida, o estado das trilhas e as possíveis tempestades de neve, ventos fortes e neblina que poderíamos pegar no caminho e rezava para que nenhum acidente grave acontecesse.

Sonhava acordado com a nossa chegada ao topo do Kilimanjaro, com as fotos da equipe ao lado das bandeiras do Brasil, do Pró-Natura e da Petróleo Ipiranga, meu patrocinador, hasteadas no ponto mais alto do continente africano. Só pensei nisso durante as sete horas de vôo até Amsterdã, onde me encontraria com meus companheiros de subida: os fotógrafos Claus Meyer e Roberto Vámos, a produtora Margarida Duarte, o repórter Caco Barcellos e o cinegrafista Acyr Fillus, o Kito, da TV Globo.

Às seis e vinte da manhã do dia 12 de dezembro de 1993, um domingo, o avião aterrissou no aeroporto de Amsterdã. Exausto, com um *jet lag* de sete horas, fui direto para o hotel, que ficava bem no centro de Amsterdã, tentar dormir um pouco. Estava sonhando quando o telefone tocou. Era o Roberto da portaria do hotel. Troquei de roupa rapidamente e desci para encontrar o grupo.

No saguão amplo e movimentado, com estrangeiros de todas as partes do mundo, reencontrei o Claus, diretor de fotografia do Pró-Natura e meu amigo há 20 anos. Considerado um dos três melhores fotógrafos de *outdoors* do mundo, ele me acompanha desde as primeiras viagens. Costumo dizer que *herr* Meyer é o alemão mais carioca que conheço. Alto, forte, com acentuado sotaque apesar de viver há vários anos no Brasil, ele está sempre de bom humor e personifica a expressão "perco o amigo mas não perco a piada". Não perde oportunidade de brincar com os outros.

Cumprimentei o Roberto e a namorada dele, Margarida, que cuidaram do apoio logístico da expedição. Considero o Roberto um gênio. Aos 23 anos, recém-formado em *business* pela Universidade de Stanford, ele passou um ano no Brasil trabalhando no Pró-Natura antes de iniciar seu mestrado em Yale. A Margarida, com o apoio dele, faria a produção e a divulgação da nossa expedição.

Em seguida, fui apresentado aos dois jornalistas da TV Globo, Caco Barcellos e Acyr Fillus, o Kito. Nascia ali uma amizade que, tenho certeza, durará para o resto de nossas vidas. Uma ligação baseada sobretudo em admiração profissional e respeito pela qualidade da pessoa.

A expedição ao Kilimanjaro seria meu sexto trabalho em conjunto com a TV Globo. Em janeiro de 86, fiz minha primeira expedição ao Aconcágua, a montanha mais alta do Ocidente, com 7.030 metros, levando o repórter Hermano Henning e o cinegrafista Orlando Moreira. Em janeiro de 91, fiz nova escalada ao Aconcágua, dessa vez sem equipe. Com imagens de Beto Campos, fui repórter e narrador de outro *Globo Repórter* que teve 74% de audiência. Um sucesso! O diretor do programa, Jorge Pontual, um grande amigo e homem de muita visão. Ele sabe que aventura é sempre um tema atraente e de muita audiência em televisão.

Na verdade, eu tinha planos de escalar o monte Érebus, um vulcão ativo na ilha de Ross, na Antártida. Essa expedição teria um charme todo especial porque pegaríamos temperaturas muito baixas na subida e, no alto, perto da borda da cratera, a quatro mil metros de altitude, temperaturas altíssimas com lava vulcânica borbulhante. Mas a logística para escalar o Érebus é muito complexa e fiquei preocupado com a responsabilidade que teria sobre a vida de outras pessoas. Por isso decidi que faria os projetos mais perigosos sozinho.

Antes de apresentar a idéia à Ipiranga, fui à Globo conversar com o Pontual. Mal entrei em sua sala com o Roberto e a Michaela, uma grande amiga que trabalhou comigo alguns anos e estava escalada na equipe original mas por problemas de trabalho não pôde ir, ele perguntou:

– Qual é a próxima?

Em vez de falar do monte Érebus, respondi, sem saber por quê:

– Kilimanjaro.

Ficamos pasmos, mas logo o Pontual deu um pulo da cadeira.

– Genial! Vamos lá! Produz com qualidade que a gente exibe – respondeu.

Dessa vez iríamos produzir outro *Globo Repórter* com imagens feitas pelo Kito e texto do Caco. Sabia de antemão que o resultado seria dos melhores, pois confio inteiramente no profissionalismo do Pontual. Eu não conhecia pessoalmente o Caco e o Kito mas sabia que ali estavam dois profissionais sérios, dos melhores da Globo, prontos para o que desse e viesse.

Eu temia que nosso primeiro encontro fosse formal. Afinal, estávamos ali trabalhando. Mas não, foi um encontro caloroso, pois como conheço o Claus e o Roberto há muito tempo, começamos a brincar e o clima amistoso contagiou toda a equipe. Claus resolveu apelidar as pessoas do grupo e o Roberto Vámos logo virou Bob *Let's go*. Encerrada a sessão palhaçada, separamos nossos equipamentos e fomos dar uma volta na cidade para comprar algumas coisas que faltavam. O Roberto precisava de mais uma lente. Combinamos nos encontrar mais tarde para jantar.

Descobrimos ao lado do hotel uma churrascaria argentina que tinha uma carne maravilhosa. Foi um grande jantar de confraternização em que eu e o Claus contamos casos de expedições anteriores para ir prevenindo o Caco, o Kito e a Margarida, que nunca tinham tido uma experiência desse tipo, sobre o que poderia acontecer. Explicamos que bom humor e espírito esportivo são fundamentais para o sucesso de qualquer expedição.

Apesar de cansado, o Caco quis saber detalhes do roteiro de nossa viagem para ir estruturando seu documentário. Expliquei que tentaríamos chegar ao topo do monte Kilimanjaro e, em seguida, faríamos um safári por Ngorongoro, a maior cratera vulcânica do mundo, conheceríamos uma tribo maasai e, finalmente, visitaríamos o Parque Nacional do Serengeti.

Eu podia perceber uma expectativa muito grande em cada um, principalmente em relação aos efeitos da altitude. Nenhum deles tinha estado antes em alta montanha. Compreendi aquela apreensão, pois o frio e as tempestades de neve costumam assustar os novatos. Eles temiam, na verdade, o "mal da montanha", que é a incapacidade ou lentidão no processo de aclimatação do organismo em relação à altitude.

A síndrome Puna, nome dado nos Andes argentinos para o "mal da montanha", é uma loteria. Ninguém sabe ao certo se vai resistir aos efeitos da altitude, pois não existe uma explicação científica precisa para o "mal da montanha" e porque algumas pessoas sofrem dele e outras não. Um atleta pode não passar dos quatro mil metros e uma pessoa comum, com alguma preparação física, pode se adaptar sem problemas. Felizmente, nas subidas que fiz, nunca senti nenhum enjôo ou dor de cabeça, os sintomas mais comuns do "mal da montanha", durante a aclimatação.

Não consegui tranqüilizá-los em relação aos riscos da altitude mas, para mostrar que é preciso respeitar a montanha e entender o que ela está "dizendo" para você, contei um caso que presenciei na minha primeira subida do Aconcágua. Uma história que mostra bem como a maioria das mortes em alta montanha ocorre por imprudência.

Quando estávamos em processo de aclimatação num dos acampamentos, chegou uma equipe da Divisão de Montanha do Exército argentino que tentava resgatar imagens fotográficas e um pedaço de fio de cabelo de um montanhista japonês que morrera no início da temporada. Com aquelas provas, a viúva poderia comprovar a morte dele e receber o seguro.

O japonês escalou o Aconcágua com um companheiro e calculou mal a quantidade de alimento, combustível e de um preparado de sais minerais que se mistura à água obtida da neve para torná-la potável. Se você toma a água da neve sem enriquecê-la com esse preparado, ela pode, em vez de ser absorvida pelos tecidos e pelos intestinos, provocar diarréia. E, neste caso, você desidrata mais rapidamente do que se não tivesse bebido água.

Os japoneses subiram pela face sul do Aconcágua, que tem uma dificuldade técnica muito grande, uma parede de aproximadamente três mil metros de gelo e rocha, quase a 90 graus. Surpreendidos por uma tempestade, foram forçados a ficar por lá oito dias a mais do que o previsto. Consumiram o que tinham levado e chegaram muito fracos ao cume. Além disso, um deles cometeu um erro fatal: sentou-se e relaxou.

Ora, quando se faz uma escalada de alta montanha, deve-se ter em mente que o cume é a metade do caminho. Falta ainda descer. Se você chega ao cume e relaxa, tem grandes possibilidades de morrer. Nunca se deve sentar quando se está só em alta montanha porque corre-se o risco de "apagar", sofrer uma hipotermia e morrer.

O montanhista japonês subiu na frente e, quando seu companheiro chegou a 50 metros do cume, encontrou-o sentado, morto. Ele foi enterrado lá mesmo porque, nessas altitudes, é impossível transportar um corpo montanha abaixo. Nessa mesma expedição, encontrei um tenente argentino com grande experiência em montanha passando muito mal.

Depois que contei esses dois casos, o Caco, o Kito e a Margarida se sentiram um pouquinho mais ambientados. Saímos do restaurante e fomos dormir.

Segunda-feira, 13 de dezembro de 1993. Acordamos cedo e depois de um farto café da manhã fomos ao centro da cidade para as últimas compras antes de partir para a Tanzânia. O Kito precisava comprar baterias para sua câmera, uma High 8 que não era usada há muito tempo, e o Caco procurava um casaco e um bom par de botas para a caminhada de aproximação. A Margarida também precisava comprar botas. Foi difícil comprar alguma coisa naquele dia. Era segunda-feira e boa parte das lojas de Amsterdã estavam fechadas. Nós nos dividimos em dois grupos e tivemos o cuidado de estudar os preços, pois havia discrepâncias. Botas com a mesma qualidade podiam custar de 50 a 300 dólares.

Depois das compras, almoçamos frutos do mar num *fast food* típico da Holanda, um dos melhores que conheci, e antes de voltar ao hotel passamos pelo Red Light District, um local que à noite é barra-pesada por causa de seus inferninhos com mulheres se exibindo nuas ou seminuas em vitrines. Mas durante o dia dá para passear por ali. Naquela noite fomos dormir cedo, pois no dia seguinte embarcaríamos às dez horas para a Tanzânia.

No aeroporto, chamávamos muita atenção por causa de nossa bagagem que pesava 600 quilos e apresentava vários volumes enormes com os equipamentos fotográficos e de filmagem. Havia tripés, aquelas enormes caixas prateadas com as câmeras e muitas lentes. Só a lente de 800 milímetros do Claus tinha mais de um metro de comprimento. Eu me arrependi de não ter levado meu equipamento fotográfico.

O Roberto conseguiu com a KLM uma tolerância para o peso de nossa bagagem. Enquanto ele providenciava o *check in* procurei um maleiro para guardar os ternos que trouxera de Nova York e que na África não teriam muita "utilidade". Levei um susto quando o funcionário do aeroporto me cobrou US$ 600 para guardar minhas sacolas por um mês.

– Amigo, aqui a gente cobra por volume. Por que você não pede ao cara da limpeza um saco de lixo bem grande e coloca nele todas as suas coisas? – aconselhou o funcionário.

Foi uma ótima idéia. Paguei só US$ 50, o equivalente a um volume, e embarquei feliz da vida.

Tanzânia, uma agradável surpresa

Combinamos que faríamos o possível para que toda a equipe alcançasse o cume do Kilimanjaro.

O PILOTO INFORMOU que em pouco tempo estaríamos aterrissando no Aeroporto Internacional de Kilimanjaro. Emocionado, tentei avistar a montanha que tinha inspirado uma novela de Ernest Hemingway, *As neves do Kilimanjaro*. Mas foi uma decepção total. O tempo estava fechado naquela noite de 13 de dezembro e o monte, encoberto pelas nuvens. Já no aeroporto pudemos constatar a brutal diferença entre o inverno europeu e o verão africano. Apesar do calorão, não me senti como no Rio, derretendo como um picolé. Era um calor seco, perfeitamente suportável.

Fomos recebidos pelo representante da A&K – Aber Cromby and Kent – a maior empresa de operações desse tipo de turismo na África, que me foi indicada por Nigel Winzer, o segundo homem da Royal Geographical Society, uma organização secular inglesa de pesquisas e expedições. Quando decidi viajar para a Tanzânia, pedi ao Roberto que o procurasse solicitando uma indicação e a resposta chegou por fax no dia seguinte.

A A&K organizou toda a logística da expedição na África. Traçou o roteiro, especificou os equipamentos necessários, contratou guias, motoristas e carregadores e providenciou o aluguel de carros além da alimentação, hotéis e acampamentos. O Roberto e a Margarida organizaram o trecho aéreo saindo do Rio para Amsterdã e de lá para o Kilimanjaro. Eles também relacionaram os equipamentos e se responsabilizaram pelo equipamento fotográfico, divisão dos suprimentos e eventual compra de alguma coisa que faltasse. Com isso, pude embarcar tranqüilo em Nova York sabendo que a partir de Amsterdã tudo estaria providenciado.

Enquanto separávamos nossas bagagens, o chefe da alfândega chegou. Cheirando a bebida, ele começou a fazer perguntas até que um outro funcionário se aproximou e falou alguma coisa no ouvido dele em *swahili* que, junto com o inglês, é a língua oficial da Tanzânia. Os dois saíram apressados para uma sala ao lado onde os aguardava um inglês muito bem vestido segurando dois pacotes compridos. Quando abriram os pacotes encontraram dois enormes rifles de caça com mira telescópica. Mais conversa e, dali a pouco, o inglês saiu com apenas um pacote. O outro rifle ficou como pagamento pelo "excesso" de bagagem. Fiquei apreensivo, imaginando o que teríamos de deixar em troca da liberação de nossa bagagem.

Os fiscais pediram então a relação de nossos equipamentos e perguntaram quanto valia aquilo tudo.

– Uns mil dólares – respondi.

Eles se olharam e responderam:

– O quê? Pensam que vão nos enrolar? Isso deve valer no mínimo uns dois mil dólares.

Depois de muita conversa pagamos em moeda local, o xelim, o equivalente a cem dólares. Uma pechincha, levando-se em conta que nosso equipamento valia, por baixo, uns US$ 100 mil. E ficou por isso mesmo.

Do lado de fora do aeroporto o motorista que nos acompanharia durante toda a primeira parte da viagem nos esperava. De uma tribo de guerreiros tanzanianos, era uma das pessoas mais amáveis que já conheci. Atencioso, estava sempre de bom humor e era muito bem-informado. Seguimos de carro para o Hotel Mount Meru Game Lodge que fica a meia hora do centro da cidade. Começamos a rodar por uma estrada de asfalto muito boa mas, cinco minutos depois, o carro passou a sacolejar como se fosse uma carroça. A estrada parecia a superfície da lua, cheia de pedras, buracos e crateras. Enverganhado, nosso motorista explicou que a estrada estava sendo preparada para receber asfalto, por isso se encontrava naquelas condições.

Na Tanzânia, a mão é inglesa e os motoristas dirigem como em Londres, isto é, pelo lado esquerdo da pista. Só que naquela estrada estreita e sem nenhum tipo de iluminação, mal cabia um carro. A todo instante tínhamos a impressão de que não íamos conseguir desviar do carro que vinha em sentido contrário.

Chegamos sãos e salvos ao hotel, mas como era noite não deu para ver direito as instalações. Pudemos perceber que eram construções baixas, em estilo colonial inglês, com mais de 50 anos, rústicas mas aconchegantes e muito limpas. No saguão da casa principal havia uma exposição de artesanato local com máscaras e esculturas em ébano. Mas não nos demoramos muito ali, pois um maravilhoso jantar nos esperava. Estávamos tão cansados que, àquela altura, comeríamos até pedra.

O Claus e o Kito descobriram as delícias da cerveja fabricada no Quênia e durante toda a viagem não recusaram um copo sequer. O Caco e a Margarida bebiam num ritmo mais lento. Eu, que só bebo água e suco, ficava olhando.

Na manhã seguinte tivemos uma agradável surpresa: o hotel tinha um minizoológico particular e na varanda de nossos quartos desfilavam imponentes elefantes, girafas, onças, antílopes, avestruzes, macacos e diversos pássaros. O Claus, o Roberto e o Kito fotografaram e filmaram até se fartar. Aproveitei para explicar ao Caco um pouco mais sobre a expedição.

Combinamos que faríamos o possível para que toda a equipe alcançasse o cume do Kilimanjaro. Se houvesse algum contratempo, na pior das hipóteses, eu levaria uma câmera até o cume, o que já tinha feito no Aconcágua. Nesse tipo de expedição, mesmo que apenas um dos membros chegue ao topo, a equipe toda pode se considerar vitoriosa.

Depois do café da manhã fomos até Arusha, a cidade mais próxima, fazer os últimos acertos no escritório da A&K. No caminho da cidade, pudemos ver pequenas propriedades rurais, bem-cuidadas, todas com plantações conjugadas, isto é, com árvores frutíferas cultivadas ao lado de café, milho e madeira própria para lenha. Esse tipo de cultura é a chave para o melhor aproveitamento do solo e para a sua conservação.

Também chamou a atenção o aspecto saudável e alegre das pessoas em geral. As mulheres ao longo da estrada usavam panos coloridos enrolados no corpo e na cabeça. Os homens eram mais discretos e as crianças se vestiam como as mães.

Os carros eram muito velhos, mas de vez em quando cruzávamos com um Land Rover ou um Land Cruiser com turistas. Eram carros de seis ou oito lugares com o teto recortado para que se pudesse ficar em pé e admirar a paisagem.

Arusha é a maior cidade do Norte da Tanzânia, mas a maioria dos prédios tem, no máximo, três andares. A cidade é limpa e não vimos engarrafamentos de trânsito.

Quando chegamos ao centro, parte do grupo ficou nas lojas de artesanato enquanto eu, o Roberto e a Margarida fomos à A&K onde um inglês atencioso nos explicou detalhes da logística de nossa expedição. Teríamos à disposição seis carregadores e dois guias, que também levariam parte da carga.

Partiríamos na manhã seguinte, dia 16 de dezembro, e usaríamos a infra-estrutura da via tradicional. Na montanha, utilizaríamos três abrigos, pontos de apoio doados pelo governo da Noruega ao da Tanzânia, uma coisa rara em alta montanha. Portanto, não precisaríamos levar barracas nem utensílios de cozinha. Eles cuidariam de tudo, inclusive da alimentação e ofereceriam qualquer outro equipamento necessário como *walking sticks* – bastões de esqui para apoio durante a caminhada.

Uma expedição desse tipo sai relativamente cara para um turista comum. A KLM faz um pacote até Arusha. A passagem aérea Rio–Amsterdã–Arusha, ida e volta, com pernoite na capital holandesa, sai por US$ 2 mil. Na África, o pacote da A&K inclui transporte, acampamento, hotéis, alimentação, guias e carregadores e sai entre US$ 100 e US$ 150 por pessoa. Um pouco caro, mas vale a pena. Se vale!

Com tudo resolvido, fomos nos encontrar com o Caco, o Kito e o Claus que estavam encantados com o artesanato local. Compraram roupas e tecidos, esculturas em ébano, objetos de prata e malaquita (uma pedra verde típica da região), colares e pulseiras de contas coloridas. Não compramos muito porque teríamos que deixar tudo no hotel durante a escalada, mas fizemos várias encomendas para pegarmos na volta. Valia a pena pois os preços ali, segundo nos avisaram, eram dez vezes menores do que nas barraquinhas e lojas à beira das estradas.

Fiquei chocado quando numa dessas lojas um rapazinho de uns 15 anos me chamou num canto e disse que tinha marfim para vender. Furioso, disse que aquilo era um crime e perguntei se ele sabia que o mercado de marfim era mantido à custa da morte de muitos elefantes. Ele saiu de mansinho e sumiu. Sabemos que estas coisas existem, mas quando elas acontecem com você são sempre muito importantes.

Em outra loja conversamos com o proprietário, um jovem árabe de pele clara. Ele explicou que a loja de artesanato era apenas um *hobby* e que o forte de seu faturamento vinha do comércio de pedras preciosas, principalmente tanzanitas, que são pedras azuis transparentes e muito valiosas. Enquanto falava, abriu uma gaveta cheia dessas pedras e nos mostrou uma do tamanho da ponta de um dedo mindinho que, segundo ele, valia cerca de US$ 300 mil.

Fingimos que acreditamos e perguntamos se ele não tinha medo de assalto. Ele explicou que na Tanzânia a taxa de criminalidade é baixíssima por um motivo muito simples: quem é preso não consegue sobreviver mais de dois anos nas cadeias. Contou que, apesar disso, mantinha dentro e fora da loja oito ou dez guardas disfarçados e distribuídos em pontos estratégicos.

A loja tinha ainda um depósito de esculturas grandes e o comerciante nos levou para visitar. Ele nos ensinou ainda a reconhecer a qualidade dos objetos e detalhes do acabamento. O Roberto e a Margarida queriam comprar tudo. É que eles tinham planos de construir uma pousada no sul da Bahia e pensavam em comprar objetos da loja para decorar o lugar. O Caco também fez muitas compras, pois a mulher dele é estilista e adora trabalhar com esses tecidos exóticos e coloridos.

Satisfeitos com as compras, voltamos ao hotel e tratamos de separar o material que levaríamos para a montanha, um trabalho sempre chato. Chegamos antes do anoitecer e o tratador nos apresentou aos animais do minizôo. Muito dóceis, eles se preparavam para jantar. Estendi um cacho de bananas a Margareth, a elefanta. Ela se abaixou delicadamente para que eu pusesse na sua boca uma banana, que puxou com a língua. Um casal de leopardos descansava na jaula e o tratador disse que eu poderia afagá-los. Lembrei da Duda, uma onça-parda que vovô criava solta na fazenda de Araguari, e não tive medo. O Caco ainda tentou uma entrevista com os bichinhos, mas eles não falavam português e não pareciam interessados em aparecer na tevê.

– São muito tímidos – explicou o tratador, um gozador.

Na hora do jantar, nova surpresa. Quando nos preparávamos para encarar um *menu* africano, veio à mesa um cardápio internacional com entrada, dois pratos quentes e sobremesa. Falando assim parece muita coisa, mas o Kito reclamou. Quando acabou de comer, queixou-se de que ainda estava com fome e pediu um segundo tempo e uma prorrogação.

Aquele jantar marcava a nossa despedida do hotel, pois no dia seguinte sairíamos bem cedo rumo ao Parque Nacional do Kilimanjaro.

As neves eternas do Kilimanjaro

> *Emocionado, tive a sensação de que aquela montanha significaria muito para mim.*

O DIA 16 DE DEZEMBRO DE 1993 amanheceu com céu limpo e poucas nuvens. Podíamos ver com clareza no horizonte o monte Meru, um vulcão extinto belo e imponente com seus 4.565 metros de altura. Paramos para fotografar e avistamos pela primeira vez o monte Kilimanjaro. Emocionado, tive a sensação de que aquela montanha seria muito importante na minha vida e teria a mesma força que o Aconcágua tivera anos atrás.

O Kilimanjaro era lindo, as neves eternas no topo pareciam uma coroa branca flutuando no ar. A atmosfera turva só permitia que avistássemos os contornos da montanha com alguma dificuldade. Tamanha beleza justificava plenamente a escolha que, sem saber exatamente por que, fizera um ano antes: aceitar o desafio e escalá-lo. Um desafio relativo, é bem verdade, pois o Kilimanjaro é uma montanha com grau de dificuldade médio para escaladas, pois fica próxima ao Equador, o que faz com que o processo de aclimatação de quem sobe seja mais simples.

Comecei a perceber que não escolhi o Kilimanjaro por acaso. A montanha, que pertencia ao Quênia e foi dada de presente à Alemanha pela Inglaterra, inicialmente não estava nos meus planos. Uma das pessoas que me incentivou a subir foi exatamente a atriz Margaux Hemingway, neta de Ernest Hemingway, que conheci em Washington, por ocasião da posse do presidente Bill Clinton. Fomos apresentados por uma amiga comum, Ella Cisneros. No dia da posse houve uma festa promovida pelos ambientalistas, o Environment Ball, prestigiada pelo vice-presidente Al Gore. Todo o pessoal das Organizações Não-Governamentais (ONGs) ambientalistas estava lá.

A Margaux me contou sobre o tratamento a que tinha se submetido para se livrar do álcool e das drogas. Revelou que pretendia retomar a profissão de atriz e que estava morando numa cabana de toras de madeira no Idaho, pertinho de onde eu tinha passado um tempo quando adolescente. Falamos também sobre suas ligações com a natureza, sobre a África e sobre Hemingway e *As neves do Kilimanjaro*, que em 1952 virou filme, dirigido por Henry King. Ela me perguntou então por que eu não fazia uma expedição até lá. Aquela idéia ficou na minha cabeça.

Pouco tempo depois ganhei de presente um livro em que dois americanos na faixa dos 50 anos relatavam as expedições que fizeram às montanhas mais altas das sete principais massas geológicas da Terra, a saber: o Everest, no Nepal, com 8.848 metros, o pico Comunismo, no Tadjiquistão, com 7.495 metros, o Aconcágua, na Argentina, com 7.030 metros, o monte McKinley, nos Estados Unidos, com 6.194 metros, o Kilimanjaro, com 5.895 metros, o maciço Vinson, na Antártida, com 5.140 metros e o monte Kosciusko, na Austrália, com 2.230 metros.

Depois de duas escaladas (uma delas em solitário), o Aconcágua não era mais mistério para mim. Dos outros seis montes, o Kilimanjaro me parecia o mais atraente e possível naquela ocasião. Senti um impulso forte dentro de mim. No entanto, a vontade só explodiu no dia em que visitei o Pontual na TV Globo e o nome Kilimanjaro saiu meio sem querer quando ele perguntou qual seria minha próxima aventura.

Foi no alto do Aconcágua que nasceram os dois projetos mais importantes da minha vida até aquele momento: o Pró-Natura, instituto que fundei em 1986 e que busca viabilizar o desenvolvimento socioeconômico de regiões ecologicamente importantes e ameaçadas, sem dano a seu meio ambiente; e a idéia de divulgar mais (como neste livro, por exemplo) as expedições que eu sempre realizei e irei realizar, para estimular "jovens de todas as idades" a sonhar e a lutar pela concretização de seus sonhos. Para isto, eu precisava dar um exemplo de vida.

O que aconteceria durante a subida do Kilimanjaro? A pergunta voltou à minha cabeça enquanto contemplávamos de longe a montanha, símbolo da liberdade para os tanzanianos que, em 1961, quando seu país declarou-se independente da Grã-Bretanha, acenderam em seu cume a tocha Uhuru, chama da liberdade, em *swahili*. Parei de sonhar quando nosso jipe retomou a estrada e, mais à frente, encontramos um baobá gigantesco. Lembrei do livro *O pequeno príncipe*, em que o autor, Antoine de Saint-Exupéry, advertia: "Meninos! Cuidado com os baobás!"

No livro, eles atravancam todo o planeta e suas sementinhas precisam ser extirpadas. Mas não pude deixar de me apaixonar por aquele baobá, principalmente depois de conhecer as características dessa árvore. Duram séculos, podendo chegar a três mil anos, são relativamente baixas, têm cerca de dez metros, mas o tronco é muito largo, podendo alcançar até 25 metros de circunferência. Uma raiz principal desce a grandes profundidades para conseguir água já que a árvore cresce normalmente nas savanas, regiões muito secas, e se divide em várias raízes menores, que se espalham.

Não sei se os africanos se impressionam com a longevidade e imponência dos baobás. Mas nosso motorista explicou que eles aproveitam as fibras da sua casca para fabricar utensílios domésticos, fazem uma bebida refrescante com as folhas e os frutos e extraem corantes das raízes. Em época de seca, os animais abrem enormes buracos no tronco do baobá para retirar água e sais minerais.

O Claus, o Roberto e o Kito começaram a fotografar e filmar a árvore. Nesse momento, nosso motorista nos informou de que não deveríamos fotografar nada ou ninguém sem antes negociar o preço com os nativos. A partir daí, ele abordava as pessoas que tínhamos interesse em fotografar e negociava o preço, falando em *swahili*. Eram valores razoáveis: US$ 1 para fotografar e US$ 3 para filmar.

Quando os três encerraram a sessão baobá, seguimos viagem, parando vez ou outra para registrar o Kilimanjaro de vários ângulos. Estávamos bem próximos das montanhas. O clima ali era úmido e a vegetação, ainda verde, com árvores de médio porte. Do lado oposto ao das montanhas, a paisagem era mais pobre, com aparência semidesértica e gigantescas nuvens de poeira denunciando terras sem vegetação. Cabras e vacas muito magras e seus pastores eram o único tipo de vida naquela região.

Levamos quase duas horas para chegar à entrada do Parque Nacional do Kilimanjaro. Ali fomos apresentados ao Charles, nosso guia sênior, que já havia subido o Kilimanjaro umas cem vezes. Bem mais alto do que a média dos tanzanianos, ele tinha um rosto de expressão dura. De poucas palavras e nenhum sorriso, Charles falava um inglês arrastado, mas perfeitamente compreensível. Senti que era uma pessoa firme, experiente e confiável.

Ficamos conhecendo também o John, o guia auxiliar de nossa expedição, que aparentava ótima forma física, e os quatro carregadores. Dois deles eram jovens, um terceiro de meia-idade e o quarto, um senhor bem idoso que durante toda a subida se mostrou uma pessoa afável e atenciosa.

Vovô, como logo o apelidamos, era um *expert* em alta montanha e já tinha subido o Kilimanjaro mais de 700 vezes. Não acreditei e fui conferir este número nos registros do parque. Era verdade! Ele me disse que amava aquela montanha e que, se possível, gostaria de morrer ali. Pessoas como ele, que não sofreram nenhuma influência da civilização ocidental, conservam puros seus instintos e têm uma sabedoria que a vida nas grandes cidades acabaria sufocando. São pessoas sem maiores ambições e que, por isso, têm muito mais chances de serem felizes. Aprendi com meu avô a reconhecer esse tipo de gente. Foi ele também quem me ensinou a valorizar a simplicidade e a sabedoria dessa gente.

Depois das apresentações, retiramos o equipamento dos carros e os carregadores começaram a empacotá-los em grandes sacos de aninhagem e lonas plásticas. Fizeram vários pacotes, alguns de até 70 quilos, que carregavam na cabeça com incrível habilidade e sem maiores sacrifícios. Só ficaram de fora os equipamentos do Roberto e do Kito.

O Claus foi com a gente até o posto, onde nos despedimos. Havíamos combinado que ele não subiria o Kilimanjaro, mas voltaria com o motorista para visitar e fotografar três parques da região, os Parques Nacionais de Arusha, Lake Maniara e Tarangire.

Estávamos preocupados porque faltava ainda regularizar os papéis para a subida. Fui ao escritório central do parque enquanto o Roberto ia cuidar de outras formalidades. O governo da Tanzânia costuma cobrar taxas altíssimas de direitos de filmagem quando sabe que as imagens vão ser comercializadas e exibidas nos meios de comunicação do exterior. Teríamos de pagar US$ 8 mil, um valor arbitrário que eu achava alto demais. Afinal, a expedição foi patrocinada pela Petróleo Ipiranga e o que filmaríamos não seria comercializado, apenas utilizado num documentário e transformado num *Globo Repórter*. Não ganharíamos dinheiro com aquele projeto.

Como levávamos uma câmera High 8, que é muito pequena, procuramos não dar bandeira e deixamos para filmar o início da expedição propriamente dito bem mais na frente, longe dos olhares dos guardas que andavam armados com fuzis, submetralhadoras e cara de poucos amigos.

Animação
na largada

Àquela altura, só conseguíamos pensar no sucesso da expedição.

ÀS 11 HORAS do dia 16 de dezembro de 1993 chegamos a um monumento, réplica em cimento dos montes Kilimanjaro e Mawenzi, onde havia um mapa indicando o caminho exato que percorreríamos até o topo. Com todo cuidado para não ser visto pelos guardas, o Kito tomou à frente e filmou nosso grupo. O Roberto também registrou tudo com sua máquina fotográfica. Ali, demos a largada para a Expedição Ipiranga–Kilimanjaro que duraria cinco dias e, eu tinha certeza, marcaria para sempre as nossas vidas.

Em fila indiana, começamos a andar por uma estradinha que logo se transformaria numa trilha. Estávamos animadíssimos e, àquela altura, só conseguíamos pensar no sucesso da expedição. Com exceção do Kito, que levava a câmera, e do Roberto, sua máquina fotográfica, ninguém carregava nada. Tudo ficava por conta dos carregadores. Uma grande mordomia se compararmos às outras expedições em que cada um costuma carregar até 50 quilos de bagagem, como na aproximação do Aconcágua I e II, tarefa da qual nem as mulheres escapam.

O Caco aproveitou para gravar algumas entrevistas que usaria como abertura do documentário. Ele queria saber das emoções, impressões e expectativas de cada um. Todos disseram que esperavam chegar ao cume e, como a maioria conhecia minha história de vida depois do Aconcágua, estavam ansiosos para saber o que aconteceria a eles de muito especial nessa aventura. Até a Margarida, a tímida do grupo, falou e se saiu muito bem. Roberto fotografava tudo, encantado com a paisagem e com os pássaros coloridos. Cruzamos com várias equipes que faziam o caminho de volta. Ninguém parecia machucado ou exausto, o que nos animou ainda mais.

Depois de quase três horas de caminhada, paramos para fazer nossa primeira refeição. Sentamos à beira de um rio, um lugar muito agradável onde outra equipe descansava. Charles, nosso guia, que também não estava carregando nada, distribuiu os saquinhos com as refeições: dois ovos cozidos, um sanduíche de pão com ovo, um doce de ovo, suco de laranja e duas frutas. Só aí descobrimos que os tanzanianos adoram ovo. Nossas próximas refeições teriam, invariavelmente, muito ovo no cardápio. A Margarida não conseguiu comer tudo e ofereceu o que sobrou ao Charles. Ele, gentilmente, dividiu a comida entre os carregadores.

Parado ali, tive tempo de admirar cada detalhe daquela paisagem, uma vegetação muito parecida com a mata tropical brasileira, embora menos rica em termos de biodiversidade. Durante a subida, passaríamos por cinco ecossistemas completamente diferentes – saímos da savana, entramos na mata tropical úmida, em pouco tempo passaríamos pela mata tropical de altitude antes de entrarmos numa região com vegetação baixa, semelhante à tundra, e chegarmos ao deserto gelado, comum nas regiões de alta montanha onde não existe nenhum tipo de vida.

O Kilimanjaro é uma montanha muito "arrumada", que começa com uma subida suave e vai ficando mais íngreme perto do topo. Além da vegetação, a parte realmente íngreme começa no último abrigo. Aí, sim, é uma parede que só se consegue subir andando em ziguezague. Mal comparando, o trecho do meio da subida do Kilimanjaro corresponde a uma dificuldade três vezes superior à caminhada nas Paineiras, na Floresta da Tijuca. A parte final da subida, no entanto, é incomparavelmente mais difícil do que qualquer trecho das Paineiras.

Notei que o grupo estava mais confiante. O nervosismo inicial e a apreensão em relação aos efeitos da altitude persistiam, mas em menor intensidade. Na medida certa, o medo é até saudável, pois representa respeito pela montanha e pelos sinais da natureza.

O astral do grupo estava alto e, por volta das três da tarde do dia 16 de dezembro, retomamos a caminhada.

Duas horas depois, ainda com dia claro, chegamos ao primeiro abrigo, o Mandara, a 2.727 metros de altitude. Fiquei impressionado com o conforto e limpeza do abrigo, construções de madeira doadas pelo governo norueguês à Tanzânia. Em estilo nórdico, com o teto inclinado como as construções nos locais em que neva muito, as casas eram pintadas de verde e cercadas por gramados.

Havia uma casa maior, a cabana-refeitório, com uma varanda ampla onde se podiam apreciar os últimos raios de sol. A temperatura era de 20 graus. O refeitório estava enfumaçado porque o fogão utilizado no preparo das refeições era a lenha. Só então pude entender por que nossos carregadores cheiravam tanto a fumaça.

Charles e eu fomos à administração do abrigo entregar o documento que recebemos na entrada do parque. Um simpático guarda nos explicou o funcionamento dos alojamentos e nos entregou a chave de nossa cabana.

O alojamento era pequeno, mas aconchegante. Tinha quatro camas beliche e como éramos cinco, recebemos mais um colchão. Quando colocamos os equipamentos lá dentro, ninguém podia se mexer. Mudar de roupa, então, nem pensar.

Ainda havia muita luz e o Kito e o Roberto aproveitaram para filmar e fotografar enquanto o jantar não era servido. Resolvemos dar uma caminhada. Pegamos uma trilha dentro de uma floresta e fomos visitar uma cratera vulcânica a 15 minutos do alojamento. Com 40 metros de profundidade e cem metros de diâmetro, a cratera tinha uma vegetação amarelada e o fundo alagado. Aquela era só a primeira de uma série de minicrateras que veríamos pelo caminho, já que o Parque Nacional do Kilimanjaro é uma região de grandes vulcões extintos.

Com frio e fome, voltamos ao alojamento, mas o jantar ainda não estava pronto. Não podíamos nos queixar da demora. Afinal, em expedições, normalmente, é o grupo quem prepara a própria comida. No nosso caso, essa tarefa ficou com os guias. Além disso, o preparo da comida em alta montanha é mesmo demorado. Em geral, leva-se alimento pré-cozido e desidratado, que é bem mais leve para se transportar morro acima; gasta-se menos tempo e combustível para se preparar. Só que esse alimento precisa ser novamente reidratado e para se obter a água dá um trabalhão.

Apesar de todo aquele gelo e neve, água em alta montanha é coisa difícil. Aquecer a neve leva horas e quando se está morrendo de fome isso parece uma eternidade. Para se obter um litro d'água, deve-se encher uma panela de 20 litros com neve até a boca.

Quanto maior a altitude, mais baixa é a temperatura de fervura da água. Ao nível do mar, a água ferve a cem graus centígrados. Em alta montanha, pode ferver a até 60 graus mas, como a temperatura ambiente é muito baixa, o processo de aquecimento da água é extremamente lento – o que significa mais tempo para se cozinhar qualquer alimento. Assim, do momento em que se recolhe o primeiro punhado de neve até se tomar a primeira colherada de sopa, pode-se levar até quatro horas. Preparar uma simples sopa em alta montanha leva mais tempo do que para se fazer um finíssimo jantar francês, com grande variedade de pratos, em "terra firme".

Para disfarçar a fome fomos visitar os banheiros. Bem, nessas expedições não se pode mesmo ter de tudo, mas o banheiro foi a maior decepção! Não havia chuveiros e banho, mesmo, só o tcheco. Explica-se: é aquele banho na pia em que você se lava fazendo *tcheco, tcheco, tcheco*. Banho de chuveiro, com direito a água quente e sabonete, só dali a uma semana.

O resto do grupo torceu o nariz mas, para mim, aquilo não era novidade. Uma semana sem banho não seria tão ruim para quem já passou 28 dias sem tomar banho. Um recorde batido durante minha primeira expedição ao Aconcágua, em 86, mas uma marca bem abaixo da do meu amigo Thomaz Brandolin que quando chefiou a primeira expedição brasileira ao monte Everest, em 91, passou 48 dias sem jogar uma gota d'água sobre o corpo. Haja perfume!

No entanto, apesar da falta de banho, o mau cheiro não seria tão forte porque, em alta montanha, usamos várias camadas de roupas feitas de materiais específicos para baixas temperaturas. Tudo para manter o corpo aquecido. A primeira camada, que fica em contato com a pele, nunca pode ser de algodão, tecido que retém o suor do corpo e dá uma sensação de umidade. Esta camada deve ser de um tecido sintético fino ou de seda pura. O que mais se usa são polipropilenos que absorvem o suor ao mesmo tempo em que o transferem para as outras camadas de roupa. Assim, o corpo fica sempre em contato com o seco.

A segunda camada é fina, normalmente de um tecido sintético semelhante à lã, só que bem grosso. É o que os leigos chamam de tecido polar e impede a saída do calor do corpo e continua expelindo a umidade gerada pelo corpo em movimento. A camada seguinte é mais espessa e a mais eficiente de todas. Pode ser de fibra sintética mas, para mim, o melhor material ainda é a pena de ganso, especialmente as penas pequenas, do peito deste animal. São mais caras, mais muito superiores na batalha contra o frio.

A quarta e última camada de roupa usada em alta montanha é um revestimento para materiais como o náilon, por exemplo. Chama-se goretex e é uma espécie de lâmina química colocada na parte interna do casaco. O goretex tem basicamente três funções: bloquear a umidade que vem de fora, deixar o suor do corpo sair e impedir a entrada do vento e do frio.

Toda essa roupa não esquenta, apenas retém o calor do corpo. Antigamente eram roupas pesadonas e a gente ficava parecendo aquele boneco da Michelin, mas agora esses casacos são modernos e bem mais leves. Esse aparato é necessário para que o corpo, a única fonte de calor na alta montanha, mantenha sua temperatura original, de 36 ou 37 graus centígrados. Com isso, o suor evapora sem provocar aquele cheiro horroroso... quase nenhum!

As temperaturas no Kilimanjaro variam muito. Na savana, pegamos até 40 graus durante o dia. Um calor seco, mas agradável. E, lá no cume, a temperatura era de 12 graus abaixo de zero, um frio bem mais ameno do que os 40 negativos que peguei no Aconcágua. O curioso é que o corpo não percebe as diferenças de temperaturas abaixo de uns dez graus negativos e não tem sensibilidade térmica para distinguir a variação destas. A pessoa pode congelar e morrer rapidamente, antes de sentir essas temperaturas. De qualquer maneira, em relação à roupa, estávamos bem preparados para a subida.

Com uma fome de horas, fomos para o refeitório. Finalmente, a comida tinha ficado pronta: uma ótima sopa de legumes, arroz, carne, batata e, é claro, ovos. As outras refeições durante a subida seriam exatamente iguais a esta.

Enquanto comíamos ficamos observando as outras equipes que chegavam à cabana-refeitório. Havia gente de todas as partes do mundo. Um grupo era de estudantes de Dar-Es-Salaam, a capital da Tanzânia. Não eram negros, tinham mais a aparência de árabes e de indianos. Tal mistura se justifica: a Tanzânia é um país formado pela união da antiga Tanganica com a ilha de Zanzibar que, no século passado, era o principal porto de comércio de escravos da África. E esse comércio era feito principalmente por árabes. Os indianos vieram com os ingleses, que construíram a ferrovia ligando a costa leste africana.

Uma outra equipe era formada por guias e duas médicas francesas que trabalhavam em Uganda na organização Médicos Sem Fronteiras. Também chamados de Médicos Voadores, eles fazem um belo trabalho sobrevoando como voluntários as comunidaders mais carentes da África. As médicas nos contaram que em algumas cidades de Uganda, país onde o HIV teria surgido, a contaminação pelo vírus da Aids atinge 80% da população. Um número absurdo que interessou particularmente ao Caco e ao Kito. Como estávamos perto de Uganda, os dois logo começaram a fazer planos. Depois de nossa expedição ao Kilimanjaro, pretendiam dar um pulo lá para fazer um documentário sobre a Aids para o *Globo Repórter*.

Enquanto aguardava o jantar, um grupo de atletas ingleses se divertia com uma brincadeira de gosto duvidoso. Os rapazes disputavam quem ficava mais tempo sem casaco do lado de fora do abrigo. Puro exibicionismo de adolescentes!

Depois do jantar fomos dormir, não sem antes pedir aos guias que nos acordassem às sete da manhã. Mas, durante a noite, o Roberto não passou bem, provavelmente por causa da comida. Eu não acreditava que já fosse o "mal da montanha". Ainda era cedo para isso. A menos de três mil metros, ninguém costuma passar mal, embora nada impeça as pessoas de somatizarem o medo da altitude.

Mantendo
o ritmo

*Parecia que as Nações Unidas
resolveram subir o Kilimanjaro.*

O DIA 17 DE DEZEMBRO começou com um *porridge*, mingau típico inglês feito de leite e cereais, gostoso, mas muito forte. O pessoal fez cara feia, mas dei força para que todos comessem, pois teríamos uma boa caminhada pela frente e precisávamos de muita energia. O único inconveniente do *porridge* são os gases que ele provoca, uma turbopropulsão na subida. Para compensar, comemos biscoitos e tomamos chá e um café horroroso. E, é claro, ovos.

Depois do café da manhã, reunimos rapidamente nosso material e partimos. A temperatura era agradável e iniciamos a caminhada de *short,* camiseta e bota. A paisagem pouco a pouco ia ganhando novos contornos e de floresta tropical úmida passava para tropical de altitude. As árvores, agora mais raras, tinham parasitas em forma de chorão caindo dos galhos. Não havia flores.

No meio do caminho encontramos uma simpática família de macacos pretos e brancos muito bonitos. Imediatamente o Kiko e o Roberto pegaram suas câmeras e passaram a registrar o bom humor dos bichinhos. Duas horas depois, saímos definitivamente da selva e entramos num quarto tipo de ecossistema: uma vegetação baixa, com muitos arbustos e gramíneas. Em compensação, adoramos a sensação de sair de um lugar fechado para um de onde se podia ver o horizonte.

Tive essa mesma sensação em 84, quando fazia ou liderava uma expedição na Amazônia. Rodamos quase 20 dias do Mato Grosso até o norte de Roraima dentro da selva fechada. Alguma coisa me incomodava e eu não sabia o que era. Uns dez quilômetros depois de atravessar o rio Branco em direção a Boa Vista (RR), entramos numa savana completamente plana, com poucas árvores. Só então, vendo o horizonte semicircular, como no mar, compreendi que estava precisando expandir o olhar para bem mais longe.

Além disso, agora podíamos finalmente ver o Kilimanjaro mais perto de nós. Era uma visão emocionante! Aquela montanha que tentaríamos conquistar servia de pedestal escuro para as neves eternas que pareciam uma estátua de mármore. Num primeiro momento ficamos todos em silêncio, compenetrados. Mas logo veio a euforia e o Caco aproveitou para gravar novas entrevistas.

Continuamos pela trilha muito bem sinalizada com placas indicando pontos de referência. Como era a trilha mais conhecida, a todo instante cruzávamos com equipes subindo ou descendo. Tive a impressão de que uma multidão resolvera subir o Kilimanjaro. Existem várias vias para se chegar ao topo do Kilimanjaro como, de resto, em qualquer montanha. A diferença é a dificuldade técnica de cada uma.

Com o passar do tempo, nossa equipe ia desenvolvendo seu próprio ritmo. Eu e o Caco íamos na frente, o Roberto e a Margarida, apaixonados, iam juntos atrás. O Kito ia e vinha com a câmera na mão. Ora passava à nossa frente registrando a paisagem, os animais e os insetos, ora ficava para trás. O Charles fechava a fila. Esse é, aliás, o procedimento normal em qualquer expedição. O líder ou guia principal segue na frente e o guia auxiliar vai atrás fechando o grupo. Em caso de acidente ou de alguém passar mal, os responsáveis pelo grupo, em geral mais experientes, estão sempre por perto para agir rapidamente. Além disso, num grupo de preparo físico heterogêneo, o ritmo deve ser determinado pelo mais lento. Mais uma razão para que um dos guias vá atrás.

Nosso ritmo era bom, e ritmo é uma coisa muito importante numa caminhada de aproximação porque determina boa parte do processo de aclimatação. E quanto melhor for essa aclimatação, maior a chance de se atingir o objetivo.

A relação de nosso organismo com o oxigênio é curiosa: à medida que se caminha ou se faz mais exercício em baixa altitude, o organismo consome mais oxigênio. Mas, à medida que se sobe, a pressão parcial do oxigênio, isto é, a quantidade de oxigênio na atmosfera, diminui. Com escassez de oxigênio, o corpo aumenta a produção de glóbulos vermelhos, iniciando o processo de aclimatação.

Portanto, nessas aproximações em alta montanha, não se deve imprimir um ritmo muito forte, para evitar um cansaço desnecessário. A recuperação em alta montanha também é difícil porque os processos metabólicos mudam muito assim como toda a química do organismo. Recuperar-se de uma exaustão em alta montanha, por exemplo, leva muito mais tempo do que ao nível do mar.

Aqui vale uma explicação para alguém que esteja pensando em subir o Kilimanjaro ou outra montanha de igual dificuldade técnica: como se sabe, a atmosfera é composta por vários gases, entre os quais o oxigênio, com pressões parciais definidas. A sete mil metros de altitude, como no cume do Aconcágua, a pressão parcial desses gases cai vertiginosamente, chegando a 30% da pressão ao nível do mar. Em outras palavras, em alta montanha você dispõe de apenas 30% do oxigênio encontrado em cidades litorâneas como o Rio de Janeiro ou Salvador.

Dentro dos alvéolos, então, essa mudança ainda é mais radical. Em grandes altitudes, a quantidade de gás carbônico é a mesma produzida por nosso organismo ao nível do mar. Portanto, o volume e a área de troca que esse mesmo gás

O Kilimanjaro visto da estrada. Um contraste fascinante
(Foto Roberto Vámos)

*Início da trilha.
Primeiro dia:
todos com roupa limpa
e "cara lavada"!*
(Foto Roberto Vámos)

*Primeiro acampamento:
uma estrutura (mordomia!)
que eu nunca tive antes
em montanha.*
(Foto Roberto Vámos)

*Guida
tomando água
na última parte
de floresta úmida
(um dos cinco ecossiste
por que passamos em se*
(Foto Roberto Vámos)

*Ponto de transição
entre a floresta
e o campo de altitude.*
(Foto Roberto Vámos)

*Marcelo
segurando um camaleão*
(Foto Roberto Vámos)

*Vegetação exótica
do campo de altitude.*
(Foto Roberto Vámos)

*PRIMEIRA VISÃO
DO CUME
– OUTRO CONTRASTE
FASCINANTE –
MAGIA PURA.*

(Fotos Roberto Vámos)

carbônico ocupa dentro do alvéolo pulmonar é proporcionalmente muito maior do que o do oxigênio disponível. Assim, o oxigênio já escasso ainda enfrenta essa dificuldade extra para sair dos alvéolos e passar à corrente sangüínea.

Quem se lembra das aulas de biologia sabe que são os glóbulos vermelhos que conduzem o oxigênio no sangue. À medida que diminui a quantidade de oxigênio no ar, cada glóbulo vermelho carrega menos oxigênio cada vez que passa pelos alvéolos. E, na tentativa de manter a mesma quantidade de oxigênio no organismo, o corpo aumenta o número de glóbulos vermelhos.

A pouco mais de três mil metros de altitude, ainda não sentíamos os efeitos desse processo e o cansaço era relativo. Caminhávamos entre as nuvens quando resolvemos parar para almoçar queijo, biscoitos, sucos e, é claro, ovos cozidos. Foi uma parada rápida, pois logo retomamos a subida passando por pequenos riachos de água límpida e deliciosa. Bebemos e aproveitamos para reabastecer nossos cantis. Estávamos "baixinho" em relação ao cume do Kilimanjaro, mas já tínhamos passado a altitude do pico da Neblina, o ponto mais alto do Brasil.

Mais duas horas de caminhada e chegamos ao abrigo número dois, o Horombo, que fica a 3.720 metros. Olhando para trás podíamos ver a savana e perceber o quanto já havíamos subido. E ainda faltava muito! A distância entre um abrigo e outro é calculada levando-se em conta a resistência do turista médio, com preparo físico de moderado para ruim. Mesmo assim, apenas 40% dos que tentam conseguem chegar ao cume. Alguns apresentam problemas sérios como alucinações, edema pulmonar ou edema cerebral. Mas, felizmente, até ali nosso grupo estava inteiro e tudo indicava que todos chegaríamos ao cume do Kilimanjaro.

No abrigo, mais uma vez tivemos de cumprir toda a burocracia antes de preparar nossa cabana, abrir o saco de dormir e descansar um pouco. Mesmo não sendo uma caminhada puxada, estávamos bem cansados. Difícil foi agüentar o cheiro na cabana depois que tiramos as meias. Afinal, há dois dias não tomávamos banho.

A Margarida veio se queixar de que não estava bem. Tossia e sentia dores na base do pulmão esquerdo. Depois de um rápido exame, constatei que não era nada grave, apenas uma dor muscular que passou com uma aspirina.

O Roberto também não tinha passado bem o dia. Ainda eram os efeitos da comida. Durante a caminhada ele tinha vomitado uma vez e estava com diarréia, dois sintomas perigosos em alta montanha, pois aceleram o processo de desidratação. Se ele não melhorasse em dois dias, eu, como líder, não o deixaria tentar o cume. Estávamos no dia 17 e à zero hora do dia 19 partiríamos para o cume. Considero 36 horas um tempo razoável para uma pessoa saudável e em boa forma física se recuperar e achei que, com medicação e alimentação adequadas, ele conseguiria. Naquele dia, o Roberto comeu comida sem gordura e sem tempero e descansou bastante.

Pipoca
e paquera

Parei perto da janela e vi passar uma moça alta, de cabelos castanhos, muito bonita.

F UI PARA O REFEITÓRIO onde nosso grupo confraternizava com outros montanhistas em torno de vários pratos de pipoca. Uma festa. Nesse momento, me afastei um pouco e parei perto de uma janela de onde vi, passando pelo corredor, uma moça alta, de cabelos castanho-claros, muito bonita. Como algumas pessoas estavam fumando e detesto fumaça, peguei meu prato de pipoca, sentei numa mesa e comecei a brincar com meu canivete. Tentava fazer uma escultura de uma raiz retorcida que encontrara pelo caminho. Quando olhei de novo, a moça estava sentada na mesa ao lado. Ofereci-lhe pipoca, ela aceitou e começamos a conversar.

Lisa me contou que era americana e que morava em Paris, onde trabalhava num banco dos Estados Unidos. Havia subido o Kilimanjaro com um grupo formado por franceses, americanos, um canadense e um inglês e já estava descendo. Todos tinham chegado ao topo, menos ela. Apesar de ter sido atleta – remou durante anos na universidade – e de ostentar boa forma física, ela não havia conseguido passar dos 5.500 metros. Sem nenhuma explicação, simplesmente "apagou" durante a subida.

Lisa disse que aquilo já havia acontecido com ela antes, mais ou menos na mesma altitude. Fiquei intrigado, pois não conseguia relacionar aquela sintomatologia com o "mal da montanha" clássico. Lisa disse que não teve dor de cabeça, enjôo ou mal-estar antes do desmaio. Contou ainda que, quando melhorou um pouco, começou a descer ajudada por um guia e cem metros abaixo já se sentia melhor, como se nada tivesse acontecido. Segundo ela, quanto mais descia, melhor se sentia. Dez minutos depois de "acordar" do desmaio, ela corria montanha abaixo, deslizando pelo cascalho solto da encosta da montanha a uma velocidade incrível, se sentindo muito bem.

Tudo isso só confirma a teoria de que a montanha é mesmo uma incógnita, uma grande loteria. Não existe uma explicação cientificamente razoável para a síndrome Puna.

Mais tarde, Lisa me apresentou a seus companheiros de expedição e ficamos ali conversando um bom tempo. Todos tinham viajado muito. Lisa contou que adorava o contraste dessa vida de aventuras na montanha com sua vida social e profissional na cidade grande. Havia morado seis anos no Japão, falava japonês fluentemente e lá cantara numa banda de *rock* de uma princesa vietnamita.

Voltei ao meu grupo e logo começaram as piadinhas a respeito de meu interesse pela Lisa. "Que olhar é esse?" "Tá suspirando, hein..." foram algumas das gracinhas que o Roberto e o Kito soltaram. Levei na brincadeira, claro. Jantamos sopa de legumes, arroz, batata, carne, legumes cozidos, um espaguete e ovos. Lisa e um de seus amigos vieram até nossa mesa, nos apresentamos e conversamos um pouco mais. Estavam tão cansados que foram dormir cedo. Combinamos de nos reencontrarmos no café da manhã, antes deles partirem. Confesso que fiquei um pouco triste.

Conhecemos naquela noite uma família francesa com dois adolescentes de menos de 15 anos, muito animados. E nos reencontramos com as equipes que havíamos conhecido no primeiro abrigo. Como ainda era cedo, pude ver um maravilhoso pôr-do-sol. Atraído por aquela visão, caminhei um pouco e fui dar na ponta de um desfiladeiro. Dali vi uma das cenas mais bonitas da minha vida: as encostas do Kilimanjaro e uma camada de nuvens abaixo de onde eu estava com o pôr-do-sol colorido ao fundo. Maravilhoso!

Lá longe, as planícies coloridas pelos raios de sol pareciam um arco-íris. As cores mudavam e se multiplicavam, dependendo do ângulo observado. Senti naquele momento um privilégio imenso de poder estar ali. Recebi aquilo como uma recompensa pela ousadia e pelo trabalho de conquistar o meu sonho. E vi que valia a pena. Voltei para o abrigo para dormir, torcendo para sonhar com aquilo tudo.

Logo de manhã encontrei Lisa. Conversamos durante quase uma hora, trocamos telefones e contatos. Lisa me disse que o resto do grupo voltaria a Paris, mas que ela tinha convencido os pais de passarem o Natal e o Ano-Novo na África. Eles visitariam os mesmos lugares que nós. Iriam para Arusha, passariam o Natal no Serengeti e o Ano-Novo na cratera do Ngorongoro. Infelizmente, esse programa era exatamente o inverso do nosso: Natal na cratera e Ano-Novo no Parque Serengeti.

Ela prometeu deixar um bilhete para mim no Hotel Kibo, sua próxima parada, na base da montanha, para que tentássemos nos encontrar. E partiu. Durante algum tempo tive a nítida sensação de que a conhecia de algum lugar. E profundamente.

Antes de prosseguirmos, aconselhei a todos do grupo que tivessem à mão pelo menos mais uma roupa quente para vestir durante a subida. O dia estava ensolarado e quente mas, a partir daquela altitude, poderia ocorrer uma tempestade de neve e aí a temperatura cairia bastante. Coloquei todos os agasalhos numa mochila e iniciamos nossa caminhada rumo ao Kibo, último abrigo antes do cume do Kilimanjaro, que fica a 4.800 metros de altitude. No caminho, cruzamos com algumas poucas pessoas com roupas coloridas descendo. Sempre confraternizávamos e eles nos davam uma palavra de apoio, o que é muito comum em alta montanha.

Conseguimos manter um bom ritmo até a primeira parada, duas horas mais tarde, para descansar. Reabastecemos nossos cantis, aconselhados por uma das placas que indicava o último lugar em que poderíamos conseguir água. Lembrei que, quando escalei o Aconcágua em 91, calculei mal a quantidade de água e ao chegar ao cume ela tinha acabado. Senti alguns sinais de desidratação – boca seca, tonteira e muitas horas sem urinar.

Lá em cima existe uma cruz de alumínio onde os montanhistas costumam deixar algum objeto para lembrar sua passagem pela montanha. Contei uns dez deles entre adesivos e bandeiras com os nomes das expedições e notei um saquinho prateado com um líquido dentro. Não tive dúvidas — bebi. Até hoje não sei o que era aquilo, só sei que o saquinho era feito do melhor isolante térmico que já vi porque, apesar da temperatura do cume do Aconcágua, que beirava os 40 graus negativos, o conteúdo do saquinho ainda estava em estado líquido. Agradeci mentalmente a quem abandonou aquilo lá e, em troca, deixei duas barras de alimento energético, um composto americano com uma série de substâncias que quando ingeridas se transformam imediatamente em energia para ser queimada pelo organismo. O gosto é horroroso mas funciona e, em caso extremo, pode salvar a vida do montanhista.

Ali no cume me lembrei do filme *Dersu Uzala*, do japonês Akira Kurosawa. Dersu era um homem simples da floresta que quando ia embora dos acampamentos na mata costumava deixar um pouco de comida e lenha seca para o caso de alguém precisar. Um outro Dersu tinha, sem saber, salvado minha vida.

Só quando atingimos os quatro mil metros é que a equipe deu os primeiros sinais de cansaço, sentindo a altitude. Chegamos a um vale que fica entre o Kilimanjaro e o vulcão Mawenzi e percebi o começo de uma tempestade. O vento apertou e as nuvens baixaram. Logo, um nevoeiro nos cercou e começou a nevar. Em poucos minutos a temperatura caiu drasticamente, de 15 graus positivos para cinco graus abaixo de zero. Suportamos quase duas horas de neve sob uma temperatura e uma umidade insuportáveis.

Tivemos de parar para colocar mais roupa e notei que a Margarida ainda estava de bermuda e meia-calça fina.

– Margarida, você não trouxe calça comprida? – perguntei.

– Não achei necessário e coloquei a calça na mochila que está com os carregadores lá na frente – respondeu.

Mesmo carregando, cada um, uns 60 quilos, os carregadores andavam bem mais rápido do que qualquer um de nós, pois estavam acostumados à alta montanha e tinham ótimo preparo físico. Eles caminhavam bem mais na frente. Apesar do frio que sentia, Margarida preferiu continuar. Fiquei preocupado, pois, embora ela não corresse risco de vida, certamente se desgastaria muito com uma hipotermia, o que a impediria de continuar e tentar o cume. Pedi então ao Charles que, dali para a frente, ficasse sempre perto dela e do Roberto, que também se ressentia um pouco do mal-estar sofrido na véspera. Fui guiando o resto da equipe. Já não havia uma trilha bem marcada no chão.

Esse episódio com a Margarida é um bom exemplo da necessidade de se ter sempre um líder e se obedecer a uma hierarquia, em qualquer expedição. As determinações do chefe devem ser sempre aceitas. No nosso caso, havia uma hierarquia preestabelecida e, como líder, eu dividia com o Charles, nosso guia-chefe, todas as responsabilidades em relação à expedição. O segundo guia era o John, que só se dirigia ao Charles que, por sua vez, só se dirigia a mim, no grupo.

O que houve foi uma desatenção e a Margarida não agiu conforme o combinado. Garanto que ela vai se arrepender disso para o resto da vida. Se pudesse voltar no tempo, certamente teria feito diferente. A cinco mil metros de altitude pode ocorrer uma queda brusca de temperatura quando o sol se põe. Foi o que aconteceu. Quando estávamos no vale, entrou a tempestade de neve com ventos muito fortes. A temperatura despencou e, com o vento, os cinco graus negativos pareciam bem menos. A baixíssima umidade e o restinho de neve caindo se transformavam em vapor imediatamente. De repente, entramos num cenário apocalíptico. O ambiente árido, com a fumaça saindo do chão, neblina grossa vindo de cima, vento muito frio e neve. Parecia o fim do mundo!

Por não ter se preparado adequadamente, Margarida, durante a caminhada, começou a sentir muito frio, o que, associado ao cansaço, fez com que ela sofresse os efeitos do "mal da montanha" da pior maneira possível. Psicologicamente abalada, ela entrou em pânico. Batendo queixo, os lábios começando a ficar roxos, com taquicardia, ela não conseguia mais andar de tanto medo. E não falava direito. Isso, em maior altitude e sem uma logística perfeita significa, em 90% dos casos, morte. Nesses casos não há muito o que fazer porque uma pessoa em estado de histeria ou pavor é muito pesada para ser carregada em alta montanha. É mais um dos muitos riscos que envolve uma expedição como essa.

Duas baixas
na equipe

Pole, pole.

PARAMOS mais uma vez. A situação era difícil. Não poderíamos nos arriscar em hipótese alguma. Por mais que a Margarida quisesse continuar e tentar chegar ao topo do Kilimanjaro, sabíamos que ela não teria mais condições. Não tive outra opção: mandei que o Charles e o Roberto seguissem com ela, mais devagar, e continuei com o resto do grupo pois, naquelas condições, se você pára de repente, pode começar a sentir os mesmos efeitos. Num ritmo mais lento, eles levariam de uma hora a uma hora e meia para chegar ao Kibo, último abrigo antes do cume.

Cada pessoa tem o seu ritmo e um dos segredos do sucesso de uma expedição está no respeito ao ritmo do outro. O limite de um grupo é sempre o limite do elemento mais fraco. Até aquele momento, o Kito e o Caco vinham muito bem, mas fiquei preocupado com a Margarida. No entanto, ela estava em boas mãos. O Charles era um guia experiente e o Roberto ficou ao lado dela para dar carinho e apoio, coisas importantíssimas numa hora dessas.

No caminho, encontramos três irmãs norueguesas, duas seguindo muito bem, mas a outra subindo mais devagar. Uma delas me pediu conselhos sobre o ritmo a ser adotado na subida a partir dali.

– *Pole, pole* – aconselhei. O que em *swahili* quer dizer devagar.

Às quatro da tarde eu e o Caco chegamos ao abrigo Kibo, que fica a 4.800 metros de altitude. O Kito já estava lá com os carregadores. Percebemos então que a mordomia tinha acabado. Nosso chalé no Kibo não era individual, mas um alojamento de três quartos grandes com muitos beliches. Cada quarto tinha uma mesa grande para as refeições. Os guias, os carregadores e os guardas ficavam num alojamento separado, perto da cozinha.

O abrigo estava cheio e a gente a princípio não tinha onde ficar. O Charles negociou com os funcionários explicando que tínhamos feito reservas e logo apareceram cinco camas.

Fomos à administração, assinamos o livro de registro e ficamos esperando pela Margarida, o Charles e o Roberto. Eles chegaram duas horas mais tarde com o Charles praticamente empurrando a Margarida. Mandei que ela tirasse imediatamente aquela roupa molhada de suor e neve, vestisse uma outra seca e entrasse no saco de dormir.

O Roberto entrou no mesmo *sleeping bag* para transferir o calor de seu corpo para o corpo dela. Esse procedimento é muito comum quando alguém está com hipotermia e a Margarida obviamente tinha perdido muito calor. Antes de dormir, os dois tomaram aspirina com chá quente preparado pelo Charles porque estavam com um princípio de dor de cabeça. O Roberto, já recuperado do mal-estar digestivo, ainda sentia enjôo.

O Kito e o Caco também reclamaram de dor de cabeça. Felizmente eu estava inteiro. Tomamos um chá com bastante açúcar para reidratar e aquecer nossos corpos e deixamos o casal se restabelecendo. A Margarida já estava psicologicamente melhor e sentindo-se mais segura.

O Charles, que é um homem de poucas palavras, nesse episódio teve um comportamento exemplar, mostrando-se extremamente prestativo. E o Vovô, naturalmente já atencioso, a todo momento vinha perguntar se precisávamos de alguma coisa. Numa expedição como essas, quando acontece um incidente, atenção e carinho ajudam a levantar a moral da equipe.

Eu, o Kito e o Caco começamos a conversar com as pessoas que chegavam ao abrigo. O grupo de ingleses que encontramos no abrigo anterior já estava lá, como sempre rindo e falando muito alto. As irmãs norueguesas se fecharam entre elas conversando em norueguês. Em seguida chegou um casal de suecos que não tinha reservado cama. Ao que parece os dois tinham brigado porque o homem entrou e foi direto para a única cama disponível, deixando a moça ali, de pé, constrangida e lançando olhares gulosos para a mesa. Provavelmente pensou em se esticar na mesa e dormir, o que não foi possível, pois logo o Charles chegou e serviu nosso jantar ali. Delicadamente, o Kito ofereceu a cama dele para ela tirar um cochilo. Claro que a moça aceitou na hora!

Notei que os ingleses continuavam sem agasalhos, apesar do frio intenso. Eles tomavam aspirina e Diamox, um vasodilatador que serve para mascarar os sintomas do "mal da montanha". Por volta das sete da noite, já estavam dormindo.

Às seis horas fomos jantar. O cardápio era bem mais leve do que os servidos nos outros abrigos: uma sopa com pouca gordura, arroz, legumes e uma carne magra. De sobremesa, chá e biscoitos. Pela primeira vez não nos serviram ovos. Aconselhei a todos que, em vez de chá, bebessem água quente, que também reidrata mas não tem cafeína, um estimulante que poderia prejudicar o sono. E uma boa noite de sono era tudo o que precisávamos – afinal, teríamos de estar de pé, firmes e fortes, à meia-noite.

Nossa idéia era sair por volta da meia-noite porque assim chegaríamos ao topo do Kilimanjaro perto das nove horas da manhã, com tempo suficiente para atravessarmos a cratera até Uhuro, nome do outro cume do monte. Além disso, saindo naquele horário, evitaríamos as tempestades de neve que normalmente começam por volta do meio-dia. A esta hora, já estaríamos de volta ao Kibo.

Às oito da noite já estávamos dormindo e, é claro, sonhando em chegar ao topo do Kilimanjaro. O que aconteceria a partir dali? O que mudaria em nossas vidas? Eu já tinha um palpite em relação ao meu destino a partir daquela aventura, mas se comentasse com os outros eles certamente passariam o resto da expedição soltando piadinhas. E eu precisava manter minha pose de líder.

Charles nos acordou pontualmente à zero hora do dia 19 de dezembro. Ninguém tinha conseguido dormir direito aquela noite. Insônia é coisa comum naquela altitude. Cansaço excessivo e excitação por causa da proximidade da chegada ao cume também costumam tirar o sono nessas horas.

Naquela noite, tive de tomar uma decisão desagradável: convencer Margarida e Caco de que não poderiam nos acompanhar ao cume. Conversei primeiro com a Margarida para saber se ela tinha melhorado e se teria condições de continuar a subida. Eu precisava ouvi-la antes. Prudentemente, ela concordou em permanecer no abrigo e não tentar o cume conosco.

Outra baixa lamentável foi o Caco, que também não se sentia bem. Ainda tinha dor de cabeça, sintoma que poderia se agravar, e achou melhor ficar. Uma pena, pois seus comentários de repórter inteligente certamente fariam uma descrição fiel dos acontecimentos e nos alegrariam no trecho de ataque ao cume. Ele também narraria as dificuldades e a sensação de sucesso que tivemos ao chegar lá.

Fiquei impressionado com seu senso profissional: apesar da dor de cabeça fortíssima e do enjôo, ele considerou a possibilidade de ficar mais um dia no abrigo vendo se melhorava e, no dia seguinte, tentar o cume. Estava tão confiante que me fez prometer que, se ele estivesse melhor quando voltássemos do cume, subiríamos de novo, os quatro. O fato de ele e a Margarida compreenderem as limitações e concordarem em ficar tornou minha decisão de deixá-los no abrigo menos penosa. Eles entenderam por que não podiam ir – a razão era óbvia –, o que me deixou feliz.

"Não entrega,
não entrega!"

*De vez em quando um de nós pedia
para parar um pouco para descansar.*

D A EQUIPE INICIAL de cinco pessoas, iríamos apenas eu, o Roberto, já completamente recuperado, e o Kito. Três a dois para nós no jogo contra o "mal da montanha". Os guias e os carregadores não entram nesse jogo porque estão sempre cem por cento e o mal nem se atreve a ameaçá-los.

Como tínhamos dormido com a roupa que usaríamos na subida, a preparação foi rápida. Foi só calçar as botas e as luvas e ajustar o gorro e os óculos. Não levaríamos muita coisa além da mochila, dos equipamentos do Kito e do Roberto e água. Não precisaríamos de saco de dormir. Havia quatro equipes se preparando para partir conosco. Fomos a penúltima equipe a deixar o abrigo. O Charles foi na frente, com um lampião a querosene, eu ia atrás dele seguido pelo Kito e pelo Roberto. O John fechava a fila carregando outro lampião. Tínhamos ainda pela frente mil metros de subida, uma ascensão vertical.

O Kito aproveitou para filmar nossa largada. Eram imagens incríveis, pois tinha nevado a noite toda até pouco antes de nossa partida. As nuvens cobriam todo o céu e não dava para ver as estrelas, apenas a silhueta da montanha coberta de neve. Mas podíamos avistar os lampiões das equipes que tinham saído antes de nós. Uma cena linda. Embora naquele ponto a trilha ainda fosse pouco inclinada, todos caminhavam em ziguezague para amenizar a subida. Além disso, tínhamos combinado com o Charles que nosso ritmo seria em primeira marcha reduzida, pois não estávamos no máximo de nossas forças. Iríamos bem *pole, pole,* para que todos pudéssemos chegar ao cume.

À medida que a parede ia ficando mais inclinada, nosso passo encolhia e a respiração ficava ofegante. Dávamos um passo de meio pé a cada cinco segundos, o que em condições normais não é nada, mas naquela altitude representa muito. Logo começamos a usar os *walking sticks,* que ajudaram bastante.

Nesse momento, percebi que a minha forma física estava bem longe do ideal. Lembrei que quando subi o Aconcágua em 91 eu estava muito bem. Mas, depois, parei de treinar regularmente, não sei exatamente por quê. Acho que eu estava cansado dessa intensa atividade física que mantinha regularmente há mais de 20 anos. Essa ausência de treinamento, aliada ao meu ritmo de trabalho e viagens pelo Brasil e, pior, pelo exterior, que vinha sendo absurdo – eu mal tinha tempo de respirar, quanto mais de treinar –, acabou me derrubando.

Logo após essa subida do Aconcágua, o Instituto Pró-Natura entrou numa fase muito boa. Estava se internacionalizando, inaugurando sedes em vários países e nos preparávamos para a Rio 92, a Conferência Mundial das Nações Unidas para o Meio Ambiente, também conhecida como Eco 92. Passei a viajar muito, cada dia acordava em um país diferente. Muito cansado, aproveitava cada 15 minutos livres para tentar colocar o sono em dia. Além disso, estava com oito quilos acima do meu peso ideal.

A 5.400 metros, sem praticamente nenhum peso para carregar a não ser alguns quilos d'água, eu sentia um desconforto físico maior do que deveria naquelas circunstâncias e naquela altitude. Como se a roupa estivesse mais pesada e mais apertada.

Enquanto subia o Kilimanjaro lembrei de uma história que aconteceu com o Saint-Exupéry e que havia lido em algum lugar. Ele era piloto e seu avião fez um pouso forçado e se acidentou na cordilheira dos Andes. Ele não se machucou, mas precisava sair logo dali senão morreria. Ele contou que, completamente estressado, desnutrido e desidratado, se concentrava a cada passo que dava e não parava de pensar e de se prometer que não morreria ali e que, para isso, era preciso dar mais um passo, outro passo... Negociava consigo mesmo cada passo.

Quando li aquilo, pensei que o autor tinha apenas usado uma imagem para dar a idéia de força e resistência à adversidade. Mas, no Aconcágua, pude constatar que isso funcionava e me peguei tendo de usar todas as minhas forças para dar cada passo e assim chegar ao topo. Agora eu não estava tão cansado como me senti nos Andes, mas mesmo assim não pude deixar de lembrar dessa história.

Veio também à minha memória meu passado no remo. Lembrei-me de um companheiro dessa época, Miguel Moipir Bancow, tricampeão pan-americano e um exemplo de atleta. Ele teve toxicoplasmose, uma doença séria que pode provocar até a cegueira, mas recuperou-se e voltou a remar como um garoto. Bancow usava muito uma expressão que para mim servia de estímulo nos momentos difíceis de um treinamento ou de uma regata.

– Não entrega, não entrega – dizia ele.

Isso se aplica bem nos dois ou três minutos finais de uma regata de dois mil metros. Os últimos 500 metros são quase um suicídio porque o remador está no limite das forças. Você já deu tudo que tinha, sente que não foi o suficiente, pois ainda tem raia pela frente e descobre que, para vencer, tem que se superar e arranjar forças extras em algum lugar.

Nesse momento, todos precisam aumentar o ritmo das remadas e a velocidade do barco e, ao mesmo tempo, manter a concentração no conjunto e na técnica. Perde-se um pouco da visão, da audição e vem um gosto de sangue na boca. Se você, de alguma maneira, aprende a lidar com esse tipo de situação e a se superar, pode resistir a outros tipos de pressão e esforço. Transferindo essa situação da água da lagoa Rodrigo de Freitas para a neve de uma alta montanha, é incrível como essa experiência conseguiu alterar meu estado de espírito e me estimular.

Nossa primeira parada, ainda no escuro, foi no Hans Mayer Cave, um ponto tradicional que homenageia o médico alemão Hans Mayer, primeiro montanhista a conquistar o cume do Kilimanjaro, na segunda metade do século passado. A caverna tem uma pequena entrada com uns dois metros de profundidade. Paramos ali cerca de dez minutos e bebemos um pouco d'água. A partir daquele ponto, a parede ficaria bem mais íngreme.

Quase não falávamos. Nessa última fase da subida, os integrantes de uma equipe em geral ficam em silêncio, concentrados em seus pensamentos e poupando energia. Perguntei se eles se sentiam bem. O Kito fez sinal com a cabeça que sim. Estava bem melhor. O Roberto disse que estava bem apesar de uma insistente dor de cabeça. Quanto ao Charles e ao John, nem precisei perguntar. Sentados num canto, fumando um cigarro, os dois conversavam animadamente em *swahili*, como se estivessem num botequim, jogando conversa fora. Quanto a mim... Bom, eu me sentia bem, embora um pouco envergonhado pela má forma física.

Retomamos a trilha depois da rápida parada, sabendo que a inclinação agora seria um pouquinho maior. Não é bom ficar parado muito tempo porque se esfria e perde o ritmo. Um pouco à frente encontramos os primeiros desistentes, um grupo de tanzanianos. Eles voltavam com cara de quem viu um fantasma, queixando-se de cansaço e enjôo e contando que tinham vomitado umas dez vezes.

Por volta das três horas da manhã, o céu ainda estava negro mas podíamos ver algumas estrelas. Minha amiga lua, que havia me acompanhado na descida do Aconcágua em 91, agora devia estar iluminando outro lugar. Como sou um otimista incorrigível, logo imaginei que não precisaríamos dela para chegar ao cume.

O silêncio do grupo só era cortado por uma ou outra frase que o Charles e o John soltavam em *swahili*. Deviam estar dizendo: "mais um grupo de malucos que vem para cá pagando uma fortuna só para fazer força, sentir enjôo, dor de cabeça e vomitar". De vez em quando um de nós pedia para parar um pouco e descansar. Eram paradas bem rápidas em que o Kito aproveitava para filmar com a luz dos lampiões. A neve estava cada vez mais alta, batendo no meio das nossas canelas, mas não era problema, pois seguíamos pelas pegadas deixadas pelas outras expedições. O pior serviço, ou seja, compactar a neve, já havia sido feito pelos outros grupos que tinham passado por ali.

Além da água, eu carregava pelo menos quatro quilos extras, o peso do par de botas de gelo com grampões, desnecessárias no Kilimanjaro. Mas é que o Kito não tinha sapatos apropriados para essa última fase – uma bota intermediária entre a que eu usava e uma bota normal de solado grosso – e tive de lhe emprestar a minha. E essas botas de alta montanha pesam, cada pé, um quilo e meio, pois são, na verdade, duas botas, uma de couro e lã coberta por outra, mais rígida, de plástico duro, semelhante a uma bota de esqui.

Muito pesadas, essas botas de gelo são completamente inflexíveis e podem-se adaptar, na parte de baixo e da frente, grampos com pontas de aço de cinco ou seis centímetros para furar o gelo. Esses grampos também servem para fixar o montanhista nas paredes quando estas são muito inclinadas. Junto com as piquetas, pequenas picaretas, uma espécie de *walking sticks,* essas botas viabilizam a escalada.

Bastante cansado, eu repetia a todo momento: "Não entrega, não entrega." E pensava na Lisa. Fiquei impressionado com o número de vezes em que ela apareceu nos meus pensamentos. Junto vinha a impressão de que eu já a conhecia há muito tempo e que ela também me conhecia e que, naquele momento, estava me mandando forças extras e dando mais uma razão para eu conquistar o cume. Curioso mas, quando nos reencontramos em Paris, ela me contou que, naquela noite, depois do nosso encontro, ela também ficou pensando muito em mim e torcendo para que eu conseguisse chegar ao topo e voltasse são e salvo.

Nosso ritmo era lento e nossas paradas agora eram mais freqüentes. De repente, surgiram os primeiros raios de sol no horizonte, o que funcionou como uma energia positiva para o nosso pequeno grupo. Logo o sol nasceu por trás do monte Mawenzi num espetáculo impressionante que o Kito e o Roberto aproveitaram para registrar com suas câmeras. Todos pareciam extasiados com aquele presente de boas-vindas. Com o sol todos se encheram de ânimo.

Com a luz, pudemos ver que faltava pouco para o topo, talvez mais uma ou duas horas de caminhada. Uma ou duas horas que pareciam intermináveis. É incrível mas, em alta montanha, tempo e distância ganham nova dimensão. Conseguíamos ver os integrantes das outras equipes lá na frente e eles não pareciam tão distantes. Mas demoramos muito para alcançá-los.

Perto do cume, o Kito e o Roberto paravam a toda hora para filmar e fotografar. Nós também parávamos, o que não era bom, pois isso quebrava o ritmo de nossa caminhada e exigia mais esforço ainda. Paramos tantas vezes que as irmãs noruguesas nos alcançaram. A equipe delas sofrera uma baixa. A mais nova tinha passado mal e voltado ao abrigo. Das duas que restaram, apenas uma estava inteira. A outra passou por nós muito mal, quase em transe, praticamente empurrada pelos guias, apoiando-se nos *walking sticks* a cada cinco passos. E foi assim até o Gilman's Point.

As lições
de uma conquista

Conseguimos! Conseguimos!

A S DUAS HORAS SEGUINTES foram extremamente desgastantes. O sol sumiu de repente dando lugar a nuvens. O tempo fechou completamente e fomos envolvidos por uma espessa cortina branca, um *fog* que não nos deixava enxergar dois metros à frente. Pensei comigo mesmo como seria frustrante chegar ao cume e não poder ver nada por causa da nebulosidade. A temperatura era de dez graus abaixo de zero. Ventava pouco, mas nevava. Respirávamos com dificuldade. Mas continuamos.

Naquela parte da montanha, o cuidado teve de ser redobrado, pois havia muitas pedras soltas. Um escorregão podia ter conseqüências desagradáveis como rolar 20 metros e atrasar em 30 ou 40 minutos a chegada ao topo. Além, é claro, de algumas manchas roxas. Não estávamos encordados, mas não era necessário, pois não havia grandes dificuldades técnicas. Numa montanha mais difícil, os membros da equipe estariam presos a uma corda, andando enfileirados, empunhando piquetas e usando grampões nas botas. Se alguém escorregasse seria imediatamente seguro pelos companheiros.

Caminhávamos lentamente e em silêncio, imaginando que o topo poderia estar logo ali, depois daquela pedra ou de outra mais à frente. Eu pensava o tempo todo que chegaríamos ao cume mas, cansado e emocionado, não conseguia imaginar quando isso aconteceria. Às vezes achava que ainda levaria horas. Às vezes, que o cume estaria logo ali, depois da primeira pedra.

Por isso, quase não acreditei quando vi o gigantesco glaciar da cratera de Oguro que se forma no topo do monte Kilimanjaro, no ponto mais alto do continente africano e do qual tinha ouvido falar tanto. Não havia mais nuvens, o céu estava claro. O espetáculo era indescritível.

Conseguimos! Conseguimos! Finalmente, tínhamos conseguido atingir o topo do Kilimanjaro.

Na cratera, com seus quatro mil metros de diâmetro, uma imensa geleira lembrava uma sucessão de templos romanos com suas colunas espetaculares. Não sei se era uma combinação de exaustão com emoção, mas tudo me parecia bonito demais. Indescritivelmente belo. Nos abraçamos em silêncio. Durante um minuto, nenhuma palavra foi dita. Era como se quiséssemos ouvir uma confidência daquela montanha maravilhosa, plantada ali há milhões de anos, imponente, sábia, respeitada e reverenciada, inclusive por nós.

Ali no topo podíamos ver todo o caminho arduamente percorrido – a savana, a floresta, os abrigos, a parede íngreme, a neve.

Cada um teve uma reação diferente. O Kito e o Roberto não paravam de filmar e fotografar. O Charles e o John acenderam mais um cigarro, sentaram numa pedra e começaram a conversar, provavelmente entediados. Para eles, aquela era apenas mais uma visão da paisagem do alto do Kilimanjaro.

Eu finalmente pude contemplar aquela placa gigantesca onde se lê *"You have reached Gilman's Point"*, uma homenagem ao montanhista Edward Gilman, o primeiro a chegar àquele ponto da cratera. Olhei em volta e senti a mesma emoção do Aconcágua II. Tive mais forte do que nunca a certeza de que toda pessoa tem o direito e o dever de sonhar e deve perseguir esses sonhos.

Extremamente profissional, o Kito, embora cansado e emocionado, filmou tudo e fez rápidas entrevistas comigo e com o Roberto ao lado da bandeira brasileira e da bandeira da Ipiranga, nosso patrocinador, que orgulhosamente fincamos ao lado do marco do Gilman's Point. Mas ele não quis aparecer no filme. Quando terminou, sentou-se numa pedra e parou para contemplar e reverenciar a natureza.

Nesse momento, o Charles gritou para que descêssemos rápido antes que o gelo cedesse. Estávamos sobre a borda da geleira e se o gelo cedesse embaixo de nós cairíamos num abismo. É curioso como, depois de tanto esforço e concentração, fomos capazes de cometer um erro primário como aquele.

Depois de se recuperar do cansaço, o Roberto tirou várias fotos. Como o Kito, ele também se sentou para admirar a paisagem e me pediu que fizesse fotos dele. Pude constatar então o nível de profissionalismo daquela expedição. E pensar que 20 anos atrás era eu quem organizava, liderava, fotografava, assoviava e chupava cana. A partir de 86, no entanto, as coisas ficaram mais profissionais e, principalmente graças aos patrocínios, fui deixando de fazer de tudo um pouco. Nessa aventura no Kilimanjaro, por exemplo, eu podia contar com esses dois excelentes profissionais.

Procurei o ponto mais alto e passei a contemplar cada quadro daquela paisagem deslumbrante. Do outro lado da cratera, a umas duas horas de caminhada, ficava o Uhuru Peak, 200 metros acima do Gilman's Point. Senti a mesma emoção do Aconcágua, a sensação de mais uma vez ter "inventado" um sonho e tido a coragem de ir atrás dele e realizá-lo. Uma sensação de plenitude me invadiu. Infelizmente, poucos conhecem esse sentimento.

Depurando aquela emoção pude extrair dela quatro lições. Primeira lição: todos têm o direito, quase o dever, de sonhar e buscar conquistar esses sonhos; segunda lição: são necessárias muita perseverança e força de vontade. Ninguém deve se deixar abater por um ou outro percalço, deve-se dedicar ao extremo objetivo a ser conquistado. A terceira lição é a de que todo esforço é recompensado. E quando você alcança seu objetivo, não importa mais o desconforto por que passou, o sofrimento, as barreiras que teve de transpor. A sensação de vitória compensa tudo isso e ela vem junto com o que você experimentou e aprendeu na sua trajetória. E a conquista é o combustível do mundo.

A quarta e mais importante lição é a da humildade. Diante de toda aquela grandeza, daquela beleza infinita, percebemos o real tamanho do ser humano, a verdadeira dimensão de sua vida. O homem vitorioso é o que, do alto de sua conquista, conhece esse profundo sentimento de humildade. Quando alguém se choca com a grandiosidade do horizonte, com a complexidade do universo e, ao mesmo tempo, com sua imensa simplicidade, percebe que é extremamente insignificante diante de tudo aquilo. No fundo, é uma lição simples que pode ser resumida assim: você não é melhor do que ninguém e ninguém é melhor do que você.

Só quem aprende essas lições pode voltar a sonhar e, mais uma vez, iniciar o processo de perseguição desse sonho, dessa nova conquista. Do contrário, você vai passar o resto da vida comemorando aquela vitória e vai esquecer de sonhar com novas montanhas. E isso vale para os jovens (dos oito aos 80 anos) e para todas as montanhas, físicas ou conceituais, pessoais ou profissionais.

Passamos quase uma hora no cume, fotografando, filmando e gozando nossa recompensa, aquela paisagem maravilhosa à nossa frente. Comemoramos nossa vitória e aproveitamos para descansar um pouco. Quando já nos preparávamos para descer chegaram as irmãs norueguesas. Todas foram bastante cumprimentadas e a irmã que tinha sido carregada pelos guias mereceu elogios extras. Ela chegou ao cume ainda abatida, mas diante de tanta beleza se restabeleceu e não parava de andar de um lado para o outro. Queria ver tudo ao mesmo tempo. Na volta ao abrigo Kibo, ela era a mais animada e nem parecia que tinha chegado ao cume praticamente nos ombros dos guias.

Ali no cume, eu ainda pensava em Lisa. Sentia sua presença muito próximo a mim. John me trouxe de volta à realidade ao lembrar que deveríamos nos apressar e iniciar a descida. Ainda teríamos o caminho de volta ao Kibo, onde nos reencontraríamos com o Caco e a Margarida. E eu tinha um motivo a mais para chegar logo ao Kibo. Afinal, tinha me comprometido com o Caco a voltar ao cume com ele, na madrugada seguinte. E quanto antes eu chegasse ao abrigo, mais tempo de sono e descanso teria.

Nos despedimos da outra equipe e começamos a descer. No Kilimanjaro também vale aquela máxima de que "para baixo todos os santos ajudam". O sol tinha derretido a maior parte da neve que caíra durante a noite e agora podíamos ver uma areia preta. Claro que a descida é mais fácil, mas, no nosso caso, ela merecia tanta atenção quanto a subida. Subimos em ziguezague, mas agora desceríamos em linha reta.

Teríamos pela frente uma parede repleta de material vulcânico, com muito cascalho e pedras soltas. À medida que se anda, o cascalho vai-se soltando e a gente desce "esquiando" montanha abaixo. É muito confortável porque quando você ganha velocidade, diminui o impacto do seu peso sobre seu tornozelo. E essa descida rápida aumenta a euforia, pois você ganha mais oxigênio. Nesse momento é preciso tomar muito cuidado para não torcer um tendão ou um músculo. Quanto à respiração, nenhum problema.

Desci conversando com o Charles enquanto o Kito e o Roberto iam mais à frente. Eu estava interessado em conhecer as outras vias do Kilimanjaro e suas dificuldades técnicas. Pretendo um dia subir outra vez, sozinho, por uma via mais complexa. Charles me disse que não seria difícil conseguir permissão do governo da Tanzânia, pois eu já tinha experiência e ele poderia atestar meu bom condicionamento físico e psicológico.

Pensando na minha próxima expedição ao Kilimanjaro, passamos pelo lugar onde o Charles tinha deixado o seu lampião e o pegamos de volta.

Histórias
de um leopardo

Em As neves do Kilimanjaro, *Hemingway descreve um leopardo que encontrou congelado no topo da montanha.*

AO MEIO-DIA de 19 de dezembro estávamos de volta ao Kibo dispostos e tomar um lanche reforçado e tirar uma boa soneca. Não encontramos o Caco e a Margarida. Um dos carregadores contou que o Caco tinha se sentido mal à noite e que os dois tinham decidido voltar para o segundo acampamento, o Horombo, com os outros carregadores. Fiquei preocupado, mas logo alguém disse que o Caco tinha acordado bem melhor e preferira descer porque não agüentaria mesmo tentar o cume.

Foi uma pena. Eu realmente acreditava que o Caco conseguiria fazer o cume, pois tinha chegado em ótimo estado ao Kibo. Além disso, ele merecia esse prêmio por seu profissionalismo e companheirismo.

O "mal da montanha" não pega o montanhista logo de uma vez. Pode alcançá-lo seis, sete horas mais tarde, quando ele pensa que se estabilizou numa altitude. Por isso, uma das técnicas de aclimatação mais utilizadas em alta montanha é o transporte de equipamento. Toda a equipe transporta a carga de um acampamento mais baixo para um mais alto, subindo e descendo, e dormindo sempre no mais baixo. Algumas equipes levam vários dias nesse vaivém até chegar ao último acampamento antes do ataque ao cume.

Dormi um pouco e acordei às duas da tarde. Arrumamos nossa carga e pusemos o pé na estrada. O vale onde na ida pegamos uma tempestade estava lindo, sem nuvens. Pela primeira vez pude ver sua vastidão e beleza. Cruzamos com algumas equipes que tentariam o cume, gente de todas as partes do mundo.

Descemos rápido e chegamos ao abrigo Horombo no fim da tarde. O sol ainda iluminava a paisagem. Fomos recebidos com muito carinho pela Margarida e pelo Caco, já plenamente restabelecidos, e pelo Vovô, que nos trouxe uma deliciosa xícara de chá quente. O Caco contou que tinha passado muito mal depois que partimos rumo ao cume. Não conseguira dormir, teve enjôo e dor de cabeça.

Um caso típico de "mal da montanha" em que a pessoa sente como se fosse morrer em determinada altitude e, à medida que desce, melhora. Quando a norueguesa mais moça voltou passando mal, ele desistiu de vez da subida. Tinha vomitado duas vezes sem ter comido nada e, pela manhã, achou que seria mais prudente descer, já sabendo que não poderia mesmo cumprir nosso trato. Preferiu ir para o sacrifício do que comprometer o sucesso da expedição e estragar a festa dos outros. Mais uma vez admirei seu senso profissional. Examinei-o rapidamente e constatei que estava tudo bem. A Margarida, embora chateada por não ter nos acompanhado, também estava bem e recebeu alta na hora.

Vovô nos anunciou o jantar. Todo mundo estava mesmo faminto e, por sorte, aquela foi a melhor refeição de todas: carne, frango, vários vegetais, massa, arroz e até um pouco de feijão. E, evidentemente, ovos. Tinha até sobremesa: um doce de que gostei muito, mas não consegui identificar de que era. Preferi não perguntar, lembrando-me do *rocky mountain oyster*.

Fomos dormir logo depois do jantar. Afinal, estávamos acordados desde a meia-noite e parte da equipe não tinha passado bem. Uma longa noite de sono, a primeira depois de chegarmos ao cume do Kilimanjaro, seria muito bem-vinda.

Pela manhã tomamos um supercafé da manhã. Comi como um leão. Doce ilusão a minha achar que perderia alguns quilos naquela aventura. Isso só aconteceu quando voltei ao Rio e recomecei a remar. Estava mesmo com saudade daquela rotina. Quando você faz esporte desde menino, está condenado a ter sempre uma atividade física. Você custa a perder a forma, sempre resta uma espécie de herança, uma capacidade aeróbica, uma resistência, um bom preparo cardiovascular e muscular e, acima de tudo, *endurance* psicológica, que você parece nunca perder.

Minha volta à rotina do remo faria bem também ao espírito. Eu já estava com saudades das brincadeiras que os remadores fazem na garagem, enquanto se preparam para colocar o barco na água. Falam tanta bobagem que com aquela dose diária de besteirol acho que nunca vou precisar freqüentar o divã de um psicanalista. Saio dali pronto para enfrentar o terno, a gravata, as reuniões e a correria da cidade grande e a interminável programação das viagens! Aquilo é fundamental para mim.

Terminado o café, arrumamos o equipamento e pegamos a trilha de volta à entrada do parque. Nossa idéia era passar direto pelo abrigo Mandara. A descida não teve maiores emoções a não ser por um camaleão que encontramos no meio da trilha. Ele não quis sair da frente e tive de pegá-lo com a mão. Parece que ele pensou que fosse carinho, pois ficou brincando no meu braço enquanto o Roberto fotografava. Essa o Kito perdeu, pois ia bem na frente exatamente procurando outros animais, como macaquinhos ou pássaros, para filmar.

É difícil encontrar animais nessa montanha, principalmente lá em cima. Por isso, até hoje permanece um mistério o leopardo que Ernest Hemingway teria encontrado congelado próximo ao cume do Kilimanjaro. Ninguém conseguiu explicar como o leopardo foi parar lá. Na verdade, não se sabe ao certo se Hemingway realmente chegou ao topo da montanha. O fato é que em seu livro, ele descreve um leopardo que encontrou congelado no alto da montanha.

O Caco ficou fascinado com essa história. Eu soube que uma senhora conhecia bem os fatos e teria, inclusive, se encontrado com Hemingway. O Caco me pediu que tentássemos encontrá-la para fazer uma entrevista para o *Globo Repórter*. Combinamos ir atrás dela, talvez estivesse num dos hotéis das redondezas.

Chegamos ao abrigo Mandara às 11 horas do dia 20 de dezembro e fizemos um rápido lanche. Devia haver umas cem pessoas no abrigo. Conversamos com integrantes das outras equipes que estavam por ali – o casal de suecos, ele agora bem mais simpático, os irlandeses, os indianos e as três norueguesas. Apesar do ambiente agradável, de confraternização, tratei de apressar o pessoal. Eu tinha pressa em chegar à base, pois imaginava que, com sorte, poderia encontrar Lisa no Hotel Kibo. Ela tinha ficado de deixar um bilhete dizendo onde estaria nos próximos dias.

Partimos, o Charles à frente, eu atrás, fechando a fila. Margarida queixou-se de dor nos pés. Ela tinha esquecido de cortar as unhas e de usar as duas meias, conforme eu recomendara no início da expedição. Isso é absolutamente necessário durante as descidas quando você encolhe os dedos dos pés para frear. Ela ainda tentou caminhar sem sapatos, mas não agüentou as dores e tivemos de diminuir o ritmo novamente. Passei a carregar a bagagem deles enquanto a Margarida descia apoiando-se no Roberto.

Quando chegamos à base, o Caco já estava fazendo algumas entrevistas com os guias e carregadores. Cada um de nós falou um pouquinho. Nosso reencontro com o Claus Meyer foi uma festa. Animadíssimo, ele nos contou seu safári fotográfico dizendo que tinha feito fotos maravilhosas. Ou *marravilhosas,* segundo ele.

Descansamos enquanto o funcionário do parque preenchia nossos certificados – um diploma atestando que tínhamos chegado ao topo da montanha. Nada muito especial já que não se trata exatamente de um feito heróico. Mas para mim, esse certificado tem um valor imenso. Assinamos o livro de registro e distribuímos as tradicionais gorjetas a guias e carregadores. Acho que eles gostaram, pois, antes de partirmos na caminhonete, fizeram uma meia roda e cantaram em nossa homenagem uma linda canção de despedida, típica do Kilimanjaro. O Kito e o Roberto registraram a homenagem.

Pedi ao motorista da caminhonete que desse uma parada no Hotel Kibo para tentar localizar a tal foto do leopardo congelado. Na verdade, eu não tinha esperanças de encontrar a tal senhora contemporânea de Hemingway, mas queria saber se Lisa deixara um bilhete para mim. A mulher que nos recebeu não sabia informar sobre a tal senhora, mas quando lhe perguntei pela Lisa e disse que meu nome era Marcelo ela abriu um enorme sorriso.

– Ah, então é você – disse, com um olhar maroto.

Saiu e voltou com um bilhete em que Lisa dizia que estaria até o dia seguinte no Momela Lodge que, felizmente, ficava próximo à nossa base, o Mount Meru Game Lodge, dentro do Parque Nacional de Arusha.

Dali fomos para o Marangu Hotel, ainda atrás da tal conhecida de Hemingway. E a encontramos. Baixinha, magra, os olhos vivos, mais inglesa do que o príncipe Charles, a velhinha nos disse que não havia se encontrado com o escritor, mas que morava na região quando ele passou por lá. E garantiu que o leopardo existiu mesmo e que ela até tinha uma foto do animal tirada no alto da montanha. Essa foto foi entregue a um editor de Londres que ia publicar um livro sobre o Kilimanjaro. Ela recebeu o livro, mas nunca mais viu a foto original.

Muito simpática, ela nos mostrou o livro com fotos do leopardo e do próprio Hemingway e nos contou que durante anos o animal permanecera na geleira. Mas, com o passar do tempo, cada turista que chegava ao cume tirava um pedaço do bichinho para levar de lembrança e prova de que tinha subido até o topo do Kilimanjaro. Claro que, anos depois, não sobrou nada do leopardo.

Em Arusha, comprei um exemplar do livro para guardar uma lembrança do leopardo – em fotografia.

A conversa foi ótima, mas tínhamos de voltar logo ao hotel. No caminho, cruzamos mais uma vez com o baobá. Pensava tanto em Lisa que perguntei à árvore se eu estava ficando louco. Ela respondeu que não e me aconselhou a continuar correndo atrás do meu instinto. Era noite quando chegamos ao Mount Meru Lodge loucos por um banho e uma cama. O tempo estava quente e seco. Passei uma hora embaixo do chuveiro e devo ter perdido mais de um quilo de sujeira. Na verdade, tomei dois banhos -- o primeiro, para tirar o grosso da poeira, o segundo, para dar um "acabamento". Afinal, há seis dias não víamos água e sabão.

Jantei apressadamente, pois queria procurar o hotel da Lisa. Não era longe dali mas, infelizmente, a entrada do Parque Nacional de Arusha fecha às cinco da tarde. Tentei telefonar para lá, mas me disseram que só conseguiria contato através do rádio e, mesmo assim, pela manhã, pois o gerador de energia da cidade era desligado à noite.

Conformado, fui dormir. Eu dividia o quarto com o Claus e conversamos bastante sobre nossas experiências na última semana. Ele tinha gasto uns 30 rolos de filme nos parques que visitou e conseguira fotografar um fantástico grupo de flamingos e coelheiros. E elogiou a fotogenia de um grupo de hipopótamos que flagrou fora d'água, coisa rara naquela região. Cansados, "capotamos".

Susto
a caminho
de Ngorongoro

*Seis homens armados de lanças
e cajados taparam nossa lente
com as mãos.*

N OSSO ROTEIRO previa para o dia seguinte a ida para a cratera de Ngorongoro. A primeira parte da viagem de cinco horas era por uma estrada boa, construída pela empreiteira brasileira Andrade Gutierrez. Antes, porém, visitaríamos o Parque Nacional de Arusha. De tanto o Claus falar nas maravilhas que viu por lá e das fotos que fez, o Roberto e o Kito insistiram para que parássemos na reserva. Eu achei ótimo porque assim poderia ver se Lisa ainda estava no Momela Lodge conforme disse no bilhete.

Fomos apresentados aos novos motoristas e aos dois novos carros – dois Toyotas Land Cruisers adaptados. Eram duas picapes com capotas, bastante espaçosas, dava até para andar dentro delas, além de comportarem todo o equipamento. O teto era removível e podíamos ficar de pé e admirar melhor a paisagem, filmar e fotografar. O Roberto, a Margarida e o Claus foram num carro e o resto da equipe, em outro. A estrada boa era a principal da Tanzânia, que liga Arusha à capital, Dar-Er-Salaam, mas o conforto só durou uma hora e meia. Quando viramos à direita para pegar uma perpendicular, entramos numa das piores estradas do país.

Para amenizar os solavancos e a poeira da estrada, fiquei observando a paisagem, uma série de pequenas propriedades com culturas conjugadas e com apicultura. Eles usavam um sistema muito interessante. As colméias ficavam dentro de um tubo e eram penduradas numa árvore por uma corda. A coleta do mel era simples: à noite descia-se a colméia da árvore, sem necessidade de usar fumaça para espantar as abelhas.

Quando chegamos à reserva vimos pela primeira vez os famosos animais africanos soltos em seu hábitat natural. Primeiro cruzamos com um elegante casal de girafas e nos lembramos de *Parque dos dinossauros* (*Jurassic Park*). Ao longe, avistamos búfalos. Nosso motorista avisou ao Kito e ao Roberto que não precisavam se afobar tentando fotografar os animais à distância porque logo os veríamos bem de perto. Mas os dois não deram bola, tão fascinados que estavam com aqueles animais espalhados pela savana.

Ao longe erguia-se o monte Meru com os sinais da explosão vulcânica que causou, milhões de anos atrás, a ruptura e a desintegração de um dos lados da montanha de mais de cinco mil metros de altitude e o ressurgimento de uma pequena agulha com uma cratera dentro da cratera original.

O Caco perguntava o tempo todo sobre os animais. Eu não era exatamente um *expert* no assunto, mas tinha aprendido muito com as pessoas que conheci na Royal Geographic Society, depois da internacionalização do Pró-Natura.

Quando chegamos ao Momela Lodge fui direto à recepção perguntar por Lisa. O funcionário me disse que uma moça americana tinha ido embora do hotel meia hora antes, mas deixara um recado para mim. Ela se encontraria com os seus pais no dia seguinte e todos iriam para o Serengeti e, depois, para a cratera de Ngorongoro.

Para se certificar de que falávamos da mesma pessoa, o rapaz me mostrou o cheque com que Lisa pagara a conta do hotel. (Três meses mais tarde, quando almoçávamos em seu apartamento de Paris, Lisa recebeu esse cheque pelo correio. Nos Estados Unidos, é praxe o banco devolver o cheque descontado ao dono. Na ocasião, Lisa me contou que passara a tarde de seu último dia no Momela sentada em frente ao bangalô imaginando se eu iria aparecer ou não. Ela se achou meio ridícula, pensou que eu podia ser casado e que não estaria interessado nela. Ou, na melhor das hipóteses, que nós nunca nos encontraríamos, pois morávamos em dois continentes distantes. Concluiu que não valia a pena investir no caso.)

Decepcionado por mais uma vez não encontrar Lisa, continuei a visita ao parque. O Claus nos levou para ver um dos espetáculos mais belos que já presenciei; uma revoada de coelheiros, pássaros que têm a ponta do bico achatada como uma colher e que, dependendo da época do ano e do molusco que comem, adquirem uma coloração rosa e avermelhada nas asas e no peito.

Eram dezenas de milhares à beira de um lago, descansando ou comendo na parte rasa. Quando os carros se aproximaram, eles bateram em revoada, em grupos. Um espetáculo maravilhoso que demorou uns cinco minutos. O vôo deles era lento e ondulado e parecia que o céu tinha mudado de cor — de azul para rosa. O Claus e o Roberto dispararam as máquinas. O Kito, encantado, filmou tudo. A Margarida ajudou o namorado.

Mais adiante encontramos um grupo de hipopótamos. Boiando no lago como se fossem enormes pedras, aqueles animais, aparentemente dóceis, lentos e inofensivos são, na verdade, bastante ágeis e ferozes quando estão no seco. Os hipopótamos são dos raros animais realmente perigosos, que podem atacar o homem sem motivo aparente.

Ao contrário do que se pensa, são os búfalos, e não os leões, os maiores responsáveis pela morte de pessoas nos parques da África. Os leões têm fama de ferozes, mas atacam muito raramente e não costumam comer carne humana. Quando isto acontece, eles são rapidamente caçados pelas autoridades locais que não querem correr o risco de descobrir, mais tarde, que os bichinhos incluíram um novo "prato" em seu cardápio. Existem dúvidas sobre se o leão gosta da carne humana ao prová-la ou se ele come o homem por este ser, desarmado, uma presa fácil.

No século passado, durante a construção da ferrovia da costa leste da África, só num trecho do Quênia, 141 trabalhadores, entre ingleses e indianos, morreram na região de Tsavo atacados por dois leões. A carnificina durou três meses e foram feitas inúmeras tentativas frustradas de capturar os animais. Até que os responsáveis pela obra trouxeram dois caçadores da Inglaterra que conseguiram matar os leões.

Em todo o percurso, nossos carros não despertaram a menor atenção dos bichos que se mostraram perfeitamente adaptados àquele vaivém de turistas. Esses parques existem há 30 anos e, portanto, esta geração de animais nasceu e cresceu com o barulho e o movimento dos automóveis. Nem ligam mais. Já sabem que não vão ser atacados e a convivência é absolutamente pacífica. Nessas reservas, existem regras muito rígidas e quem infringi-las pode ser expulso ou preso. Por exemplo, é terminantemente proibido sair dos carros, pois quem o fizer estará pondo em risco a própria vida e a vida dos animais. Isso dá cadeia.

Segurança é assunto que os africanos levam muito a sério porque, em última análise, significa a sobrevivência e continuidade desse tipo de turismo, uma atividade econômica extremamente importante em toda a África. No Quênia, por exemplo, esse tipo de turismo é a principal fonte de renda. Na Tanzânia, que só recentemente se abriu para essa atividade, o turismo já tem um peso grande na receita.

Por pouco não perdemos a hora. Já era quase meio-dia quando voltamos para o hotel, deixamos a roupa suja de seis dias – ninguém agüentava mais o cheiro! – e partimos para Arusha. O Caco queria passar antes no escritório da KLM para confirmar nossas reservas e ver se conseguia esticar sua passagem até Uganda, onde faria a tal matéria sobre a Aids. Mas as passagens tinham preço promocional e dificilmente ele conseguiria trocá-las.

Muita gente tinha nos avisado de que era bom reconfirmar as reservas para não corrermos o risco de algum integrante da expedição não poder embarcar por falta de lugar no avião. Naquela região tudo é precário, inclusive os computadores. Alguém brincou dizendo que os computadores da Tanzânia não tinham memória, só uma vaga lembrança. E era verdade! Tanto que tivemos de reconfirmar as reservas através de um documento.

Tivemos ainda de negociar nosso excesso de bagagem. Todo mundo tinha exagerado nas compras do artesanato da Tanzânia que era, realmente, maravilhoso. Eram muitos objetos e imagens de madeira, coisas pesadas que nos obrigariam a pagar uma fortuna de excesso.

Pretendíamos passar rapidamente por Arusha e seguir direto para Ngorongoro. Pela lei, é proibido dirigir dentro da reserva depois que o sol se põe – e isso acontece às seis horas da tarde – por isso, nossos motoristas estavam loucos para pegar a estrada. Eles não queriam problemas com a polícia nem pretendiam dormir nos carros já que ali não havia abrigo ou infra-estrutura para turistas atrasadinhos. E nós temíamos ser acordados durante a noite por um elefante com insônia. Ia ser o caos! Não que eles sejam ferozes, mas é que não enxergam muito bem à noite.

Saímos do escritório da KLM e cruzamos um lado da cidade nada turístico. Passamos por uma avenida com comércio movimentado, cheia de lojas e, por trás delas, casas pequenas, a maioria sem pintura, antes de pegarmos a estrada para Ngorongoro. Uma estrada boa o suficiente para o motorista do outro carro disparar enquanto nosso motorista, que apelidamos de Ligeirinho, ficava para trás.

Com o tempo, fomos percebendo a diferença entre a vegetação da região perto de Arusha e a que víamos agora, uma área semidesértica com pequenas gramíneas esparsas, amareladas, secas e retorcidas. De vez em quando cruzávamos com um pastor de cabras. Eram negros vestindo panos empoeirados enrolados no corpo. As roupas eram bege e marrom, as únicas cores que distinguíamos na paisagem. Ventava muito, o que ajudava a tornar aquela paisagem bela, mas desoladora e dramática.

No caminho, um incidente serviu para comprovar o alerta de nossos guias de que, antes de filmar ou fotografar alguém, deveríamos antes combinar o preço. Vimos um pastor com uma criança e pedimos que o motorista parasse, pois o Kito queria filmá-los. Ele já sabia que os nativos não gostam de ser filmados – ou, pelo menos, não gostam de ser filmados sem receber por isso. O Kito achou que era uma tomada rápida e empunhou a câmera na direção dos dois. No mesmo instante surgiram não sei de onde seis homens armados com lanças e cajados que taparam a lente com as mãos. Não era uma atitude agressiva, mas levamos um tremendo susto e ficamos sem saber o que fazer. O Kito abaixou a câmera na mesma hora enquanto eles falavam alguma coisa em *swahili* que o Ligeirinho traduziu. Eles queriam US$ 3 por pessoa filmada.

O Kito selecionou um homem e a criança e aceitou o preço. Incrível, mas depois do preço acertado, eles se mostram dóceis e fazem o que se pede. Foi tudo bem, mas combinamos que, a partir dali, quando quiséssemos filmar ou fotografar algum nativo, nosso motorista abordaria o grupo e negociaria. Pessoalmente, sou a favor de os nativos cobrarem para ser filmados ou fotografados. Isso pode ser um bom exemplo de desenvolvimento sustentado.

Depois do susto, retomamos a estrada, mas tivemos de abastecer. Paramos então num posto de gasolina ao lado de um restaurante e umas lojinhas. Estava cheio de gente que viajava num ônibus, o transporte coletivo mais luxuoso que vimos na Tanzânia. E olhe que era um ônibus velhíssimo, de um modelo que eu nunca tinha visto antes. Velho e malconservado, com gente viajando em pé, no teto, nos pára-choques e pendurada nas portas. Na parte de cima desses ônibus, junto com a bagagem, costumavam viajar porcos, galinhas e cachorros. Não havia nenhuma segurança. E as caminhonetes transportavam pessoas empilhadas na carroceria, como os bóias-frias são transportados no Brasil.

A partir desse posto, pegamos uma estrada de terra e cascalho, muito ruim. Mas nosso amigo Ligeirinho nem percebeu e continuou na mesma velocidade do asfalto: 60 quilômetros por hora. Não era exatamente uma correria, mas cada buraco era uma tortura para nossos traseiros.

Pelo caminho, passamos por alguns vilarejos e encontramos muita gente vendendo bugigangas em curvim, náilon e madeira. Em vez de artigos típicos com a qualidade do artesanato que vimos em Arusha, havia muita coisa que se pode comprar em qualquer feira de Nova Iguaçu. E tudo muito caro. Quando reclamávamos do preço, os vendedores vinham atrás de nós e ofereciam o mesmo objeto pela décima parte do valor. Concluí que turista é tido como trouxa em qualquer continente.

Se fossem espertas, essas pessoas teriam aprendido a negociar como os povos nômades do deserto do Saara, os berberes, tuaregues ou os beduínos, estes sim, exímios comerciantes. Para eles, mesmo que a venda não se realize, vale a conquista de um novo amigo. Em dezembro de 89, eu liderava uma expedição no Saara marroquino e conheci um mercador tuaregue que vendia tapetes. Quando lhe perguntei o preço,

*A trilha
teve água farta...*
(Foto Roberto Vámos)

...até aqui!!
(Foto Roberto Vámos)

*Início
do deserto gelado.
Nota-se ao fundo
a tempestade chegando.*
(Foto Roberto Vámos)

Carregadores se defendendo da agressividade do início da tempestade.
(Foto Roberto Vámos)

Etapas de caminhada e intervalos (descanso e tempestade) no deserto gelado.
(Fotos Roberto Vámos)

Sol nascente por trás do monte Mawenzi.
(Foto Roberto Vámos)

Última etapa (Kito no cume).
(Foto Roberto Vámos)

*Kito ao fundo,
preparando as filmagens
de chegada ao cume.*
(Foto Roberto Vámos)

*Roberto Vámos,
Marcelo Andrade e Kito
festejando a chegada ao Gilman's Point*
(Foto Roberto Vámos)

*David, Marcelo e Charles
se sentindo no topo do mundo.*
(Foto Roberto Vámos)

Marcelo no Gilman's Point.
(Foto Roberto Vámos)

Vistas das geleiras eternas do alto da cratera.
(Fotos Roberto Vámos)

A planície é o fundo da cratera de Ngorongoro e as montanhas são parte da borda.
(Fotos Claus Meyer)

Riacho próximo a uma das bordas da cratera.
(Foto Claus Meyer)

*Carro
da equipe de filmagem
se divertindo com o rinoceronte.*
(Foto Claus Meyer)

Os leões se concentram antes de caçar.
(Foto Claus Meyer)

Decidindo sobre o alvo.
(Foto Claus Meyer)

*...a organização social curiosa:
ela caça, ele come primeiro!?*
(Foto Claus Meyer)

Maasai no fundo da cratera de Ngorongoro com seu gado. São os únicos seres humanos com permissão para andar na cratera.
(Foto Claus Meyer)

Vila típica Maasai.
(Foto Claus Meyer)

Guerreiros Maasai com colar de penas de avestruz. No passado, usavam a juba de um leão.
(Foto Claus Meyer)

"Dança dos pulos" com música produzida pelas gargantas dos guerreiros... quase uma orquestra sinfônica.
(Foto Claus Meyer)

ele não respondeu de pronto. Explicou que estava ali para se transformar em meu amigo, para que eu aprendesse um pouco da sua história e da história do seu povo e para que ele me conhecesse melhor. No final, explicou-me que se decidíssemos fazer negócio, acertaríamos um preço que fosse bom para os dois.

– Como fazem os amigos – arrematou o tuaregue.

Jamais me esqueci daquela conversa que só fez aumentar minha admiração pelos povos nômades. Tanto que comecei a desenvolver uma estranha teoria sobre a origem das neuroses do homem moderno observando o comportamento dessas tribos e ouvindo opiniões e lendo livros de pessoas interessadas no assunto, como o escritor inglês Bruce Chatwin.

Chatwin, que morreu jovem, escreveu sobre tribos nômades e deixou, entre outras obras, *In Patagonia* e *The Song Lines*, este último sobre os aborígines da Austrália. Para mim, o homem é essencialmente nômade há pelo menos 1,6 milhão de anos, isto é, desde os tempos do *homo habilis*, cujos fósseis, *by the way*, foram descobertos na Tanzânia. O fato de ter se tornado sedentário está na origem das várias neuroses do homem. Ele se tornou sedentário há poucos milênios, provavelmente quando aprendeu a dominar o uso das plantas, desenvolvendo assim a agricultura, e a domesticar alguns animais incapazes de acompanhá-lo em suas andanças. Isso forçou a sua permanência num só lugar, contrariando a sua natureza. Pude perceber em meu contato com os povos nômades da África Central, do Saara (os berberes, beduínos e tuaregues e os da Somaliland, região montanhosa ao norte da Somália) e com os maasais, que eles têm orgulho e altivez, mas sem arrogância e sem o sentimento de solidão.

Diante dos preços altos, não compramos nada. Ligeirinho nos convidou para tomar um refrigerante num dos bares de beira de estrada, simples, precário, mas limpo e com balconistas gentis, como em qualquer bar desse tipo nas estradas brasileiras. Aliás, até a onipresente coca-cola me lembrou o Brasil. Ela está mesmo em toda parte – no interior da Amazônia, nos confins da Guiana Inglesa, num oásis do Saara e, agora, num fim de mundo localizado na Tanzânia. Como eu e o Caco estávamos sem dinheiro, a conta foi paga por Ligeirinho.

Na beira
da cratera

Não era uma expedição cinco estrelas. Eram, no mínimo, cinco trilhões de estrelas.

ESTÁVAMOS a três horas de Ngorongoro e começava a escurecer. Tínhamos pressa e só por isso não paramos na estrada para admirar um despenhadeiro, o Rift Valley, uma fenda gigantesca que nasce na Rússia, cruza a África e se estende até a Costa Oeste americana. Mas o cansaço era grande, fazia frio e o Ligeirinho estava visivelmente preocupado com a possibilidade de não chegarmos a tempo na reserva de Ngorongoro.

Preferi me distrair com a paisagem absolutamente diferente do que estava acostumado em minhas andanças pela Amazônia e pelo Pantanal. Vimos uma infinidade de baobás na superfície da fenda e paramos rapidamente para admirar o segundo maior baobá da África. Tinha perto de três mil anos e um tronco de 25 metros de diâmetro. Combinamos com o Caco e o Kito que voltaríamos ali para filmá-lo para o documentário. Essas árvores são mesmo impressionantes com suas formas suaves e arredondadas, sem nenhuma ponta.

Por volta das sete e meia da noite de 21 de dezembro chegamos ao portão da reserva de Ngorongoro depois de uma viagem que deveria durar cinco horas, mas demorou quase oito. Conseguimos permissão para entrar e acertamos toda a papelada enquanto o Ligeirinho levava uma bronca dos guardas por causa do horário. Como não queríamos ficar em hotel, reservamos um serviço de *camping*. Afinal, essa não era uma expedição cinco estrelas e todo mundo ali estava trabalhando.

Passamos pela guarita e subimos por uma estrada de terra bem íngreme. Segundo o Ligeirinho, estávamos no topo da cratera de Ngorongoro e todos os acampamentos e hotéis dali tinham sido construídos em volta da beira da cratera.

Quarenta minutos depois, sob a luz da lua, pude ver quão alto estávamos e admirar a cratera propriamente dita. Um espetáculo belíssimo e inesquecível! Durante a viagem, levamos alguns sustos com animais que cruzavam o nosso caminho: zebras e búfalos que, segundo nosso motorista, costumam sair à noite para pastar no alto da cratera. Jantando, tranqüilamente, eles não deram a menor bola para nós.

Quando chegamos ao nosso acampamento, o Roberto, o Claus e a Margarida já estavam confortavelmente instalados debaixo de uma árvore, em torno de uma fogueira, tomando cerveja em canecas. Quatro barracas tinham sido armadas. A maior delas servia de restaurante. Dentro havia uma mesa arrumada muito requintadamente, com castiçais e velas. Fomos servidos por um mordomo de gravata-borboleta preta e luvas brancas. Um luxo!

A Margarida apresentou nossos novos companheiros que estavam lá há dois dias, montando toda aquela parafernália de conforto e mordomia: John, o mordomo, Matamata, um negro gigante que dirigia o caminhão dos equipamentos, três cozinheiros e dois ajudantes que cuidavam de nossas roupas, arrumavam as barracas e faziam o que mais fosse necessário. Só então entendi o que o funcionário da A&K quis dizer quando alertou para que não nos preocupássemos com a ceia de Natal e de Ano-Novo e avisou que o acampamento seria muito melhor que o hotel. Tamanha mordomia, nem no Kilimanjaro!

Fiquei realmente feliz com aquela recepção. E estávamos no dia 20 de dezembro, no meio da África, no topo de um vulcão. Imagine como seria a ceia de Natal! Nossas barracas tinham camas confortáveis, lençóis cheirosos e mesinha-decabeceira. Inacreditável para quem, na véspera, enfrentara uma tempestade de neve e dormira num beliche duro num abrigo na montanha.

A noite estava fria, uns dez graus, mas resolvi sair e caminhar até a beirada da cratera. Fiquei um tempo ali admirando Ngorongoro iluminada pelo luar. A cratera é um gigantesco acidente geográfico, um buraco de cinzas vulcânicas com cerca de 18 quilômetros de diâmetro, que surgiu há dois milhões e meio de anos, depois da explosão de uma montanha mais alta que o Kilimanjaro.

É a maior cratera vulcânica do mundo. Suas beiradas têm cerca de um quilômetro de profundidade e no fundo plano existe uma salina entrecortada por pequenos cursos de água que se formam quando chove muito. Durante nossa estada no parque, várias vezes pudemos ver a chuva chegando no interior da cratera. Uma chuva forte que se dissipava no final da tarde.

Admirando aquela paisagem, perdi a hora. John veio me buscar, me chamando de *chief* e avisando para eu não me distanciar da fogueira do acampamento porque à noite é comum animais, como leões, búfalos ou mesmo elefantes, rodearem as barracas. Eu estava tão encantado com aquele cenário que só ao voltar ao acampamento percebi que havia por ali uns seis ou sete grupos de visitantes.

O cardápio do jantar era de primeira. Havia uma deliciosa sopa de legumes com orégano acompanhada de uma requintadíssima comida e, de sobremesa, torta de maçã com creme. Para acompanhar, vinhos tintos e brancos, franceses e italianos, cerveja e champanha. Só quando fomos pagar a conta é que entendemos por que tanta generosidade. As bebidas eram pagas à parte e valiam o peso em ouro.

Durante o jantar houve um princípio de discussão, o único incidente do tipo em toda a expedição. O Kito ficou filmando, se atrasou e quando a sopa foi servida ele ainda não tinha chegado. Todos se serviram e a sopa acabou. O Kito se chateou mas, imediatamente, todo mundo se ofereceu para dividir com ele a sopa. Emburrado, o Kito exagerou na reclamação, dizendo que aquilo não era jeito de se trabalhar em equipe. Acho que a reação dele foi bem maior do que a situação exigia – ninguém fez por mal. Mas o incidente serviu para que, a partir dali, prestássemos mais atenção uns aos outros.

Terminado o jantar fomos para a beira da fogueira onde o Caco nos contou vários lances dos bastidores de seu livro *Rota 66*, que ele levou sete anos escrevendo sob o maior sigilo. Contou, por exemplo, que quando se divulgou a edição do livro, vários camburões da Rota (Rondas, Organizadas Tobias de Aguiar, uma espécie de esquadrão da morte da polícia civil paulista) passaram a rondar sua casa. Vários militares denunciados no livro compareceram armados à noite de autógrafos. Nessa noite, o Caco ficou até o final, mas teve de sair pela porta dos fundos.

O Roberto e a Margarida falaram da pousada que pretendiam montar no sul da Bahia e aproveitaram para nos convidar para passar o *réveillon* de 95 lá. O Claus relembrou uma miniexpedição que fizemos ao Pantanal logo depois da Rio 92. Ele, a mulher e os filhos viajaram numa Toyota e eu num Unimog, um caminhão da Mercedes alemã desenvolvido no pós-guerra para os pequenos proprietários rurais.

A idéia do Unimog era a de um veículo que pudesse preparar a terra, plantar e colher, transportar a produção e, nos fins de semana, passear com a família. Depois de dirigir durante 24 horas, consegui atolar com o Unimog, coisa que a Mercedes, até então, imaginava impossível de acontecer.

A conversa durou até tarde e fomos dormir em nossas camas limpas e confortáveis dando graças aos céus por estarmos participando daquela expedição. Na manhã seguinte, nova surpresa: fomos acordados pelos ajudantes que traziam um balde de água quente para lavarmos o rosto. O balde foi colocado sobre um tripé em nossas barracas. Esses ajudantes eram extremamente gentis e estavam orgulhosos por desempenharem bem sua função. Sem submissão, eles trabalhavam bem e estavam sempre preocupados em nos servir cada vez melhor.

Tomamos um café da manhã digno do melhor hotel cinco estrelas do Ocidente. Havia salsichas, batatas cozidas, pães, geléias, mel, manteiga, chá, café, leite, suco e ovos. O único inconveniente daquele acampamento eram os banheiros, uma improvisação malfeita. Esse problema foi resolvido naquela manhã quando o Caco precisou passar um fax para a TV Globo do Ngorongoro Lodge, um dos hotéis da reserva que ficava a 15 minutos do acampamento. Descobrimos que os banheiros de lá eram bem melhores e, enquanto o Caco se comunicava e aguardava da tevê uma resposta sobre sua ida a Uganda, usamos aquelas instalações confortáveis, coisa que não fazíamos há alguns dias. A partir daí, sempre que alguém queria ir ao banheiro, dava a senha: "Vou passar um fax."

Além dos banheiros, descobrimos que o hotel tinha um telescópio à disposição dos hóspedes numa varanda suspensa que ficava mil metros acima do fundo da cratera. Enquanto o Kito, o Claus e o Roberto filmavam e fotografavam a reserva, eu me divertia mirando a cratera pelo telescópio.

Eu tinha uma razão a mais para ir ao hotel. Queria descobrir se a Lisa ainda estava lá. Mas soube que as reservas não tinham sido feitas no nome dela ou de seus pais, mas no do agente de turismo. Ela viajaria de uma reserva a outra num pequeno avião e resolvi ficar observando cada avião que pousava na pista da reserva.

Naquele dia pretendíamos arrumar os equipamentos e sair o mais cedo possível para o interior da cratera. Havia pouca gente por lá, pois sai caro acampar em Ngorongoro. Cada pessoa tem de pagar US$ 20 por dia para ficar no parque e mais US$ 15 pelo direito de acampar, fora as outras despesas. Por isso, elas passam no máximo dois dias por lá. Ficamos mais tempo porque íamos filmar e fotografar e também porque tínhamos a Ipiranga Petróleo como patrocinador. Pudemos, assim, desenvolver um trabalho de qualidade.

As trilhas que levam ao centro da cratera são bem ruins. Tanto que as placas avisam: *"Four wheels vehicles only"* (apenas veículos de quatro rodas), o que já nos dava uma idéia do que teríamos pela frente. Depois do almoço, começamos a descer por uma pequena floresta que logo se abriu numa savana muito limpa, com pouquíssimas árvores. Cruzamos com famílias de búfalos, zebras e gnus, mas o Kito e o Roberto nem ligaram. Já sabiam que logo poderiam fotografá-los mais de perto. Passamos também por vários Land Rovers com tração nas quatro rodas. Na Tanzânia, esses carros são muito comuns. Um dos guias nos disse que quando víssemos um Land Rover parado devíamos parar também, pois alguma coisa interessante estaria acontecendo. Ficamos atentos, embora nossos motoristas tivessem a visão treinada para localizar animais ao longo da estrada.

Vimos alguns elefantes machucados e com as presas danificadas e logo pensamos na ação predatória dos caçadores de marfim. Mas não, eles se machucavam em brigas entre eles ou furando o casco dos baobás para conseguir água. O Claus contou que viu uma foto de um tronco de baobá furado de um lado a outro.

Ligeirinho nos chamou a atenção para as principais regras do parque. Os carros não deveriam sair das trilhas nem formar filas com mais de três veículos. Mas vimos muitos grupos de até dez carros parados num mesmo ponto com os turistas admirando leões ou hipopótamos. Ligeirinho nos disse também que os turistas jamais deveriam fazer ruídos para chamar a atenção ou provocar os animais e muito menos jogar comida ou objetos na direção deles. Finalmente, disse que jamais deveríamos sair dos carros sob pena de sermos devorados por algum animal faminto. E aí estaríamos infringindo duas regras da reserva: saindo dos carros e alimentando os bichinhos. Claro que nenhum de nós jamais pensou em infringir essas regras, especialmente a última.

Mais adiante nos divertimos com uma girafa que brincava com dois filhotes, ainda novinhos e desengonçados. E dois rinocerontes atravessaram bem na frente de nossos carros. Vistos assim de perto, esses animais aparentam uma calma que nem de longe nos faz supor que com uma simples cabeçada eles podem derrubar um caminhão e matar seus ocupantes. Os orientais acreditam que os chifres dos rinocerontes são afrodisíacos. Por isso, eles valem cerca de US$ 50 mil nesse terrível câmbio negro de animais. Mesmo num lugar vigiadíssimo como a cratera de Ngorongoro, os rinocerontes correm perigo. Os *poltiers* (caçadores) aproveitam qualquer descuido dos guardas e matam esses animais só para tirar os chifres.

No caminho, o Claus e o Roberto ainda pararam para fotografar alguns pássaros e, mais à frente, turistas admiravam um grupo de hipopótamos tomando banho num lago. Como já tínhamos visto vários deles no Parque Nacional de Arusha, resolvemos não perder tempo. Nossa intenção era ver aquele grupo de zebras e gnus que tínhamos avistado de binóculo. Ligeirinho nos confirmou: onde há gnus e zebras também há leões. Até então só tínhamos visto um deles, deitado, longe da estrada. E como diz a lenda, na cratera há 50 leões. Portanto, ainda faltavam 49.

Quando nos aproximamos das zebras e dos gnus, o Ligeirinho nos apontou alguma coisa lá longe. Custamos a enxergar mas ele, como tem os olhos treinados para essas coisas, agitou-se e começou a falar algo que não entendemos bem. Só conseguíamos ver algumas manchas ao longe mas, quando nos aproximamos, pudemos ver um grupo de dez leões, dois machos e oito fêmeas, andando pela trilha em direção ao nosso carro. Meio assustados, resolvemos parar e ver o que acontecia. O bando se aproximou como se não houvesse nenhum carro ali. Em seguida, eles desviaram e não deram a menor bola para nós. Manobramos e continuamos.

O Kito ficou louco. Pegou a câmera e começou a filmar da janela da caminhonete mesmo, a um metro dos bichos. O Caco aproveitou para me entrevistar e chamei a atenção para o inusitado da situação. Os leões costumam caçar no começo da manhã ou no fim da tarde. Como era meio-dia, já deviam ter almoçado e queriam apenas achar um lugar tranqüilo para fazer a sesta. Nós os seguimos e vimos que eles foram para perto de um lago. Para não perturbá-los, mantivemos uma certa distância, esperamos que eles se acomodassem e saímos. Se ficássemos mais tempo ali certamente os outros turistas chegariam para ver o que estava acontecendo e atrapalhariam a digestão dos bichinhos. E eu não sei bem como reage um leão com indigestão.

Orações
fervorosas

Eu continuava com a minha missão secreta: descobrir a Lisa.

APESAR DE TODA VIGILÂNCIA e das rigorosas regras nos parques africanos, muitos turistas não respeitam o meio ambiente e fazem loucuras nos carros, perturbando a vida dos animais. São comuns as ultrapassagens fora das trilhas em que os carros tiram fino dos bichos. Outros buzinam demais. Se os motoristas não forem muito conscientes, acabam se vendendo e aceitando cometer essas loucuras a pedido dos turistas. Existem multas, é verdade, mas elas só são aplicadas se houver flagrante ou denúncia. E nem sempre os guardas desses parques ou reservas conseguem chegar a tempo de coibir esses abusos.

A Friends of Conservation, entidade ambientalista mantida pela A&K, que tem como objetivo apoiar alguns parques africanos, costuma doar jipes japoneses que circulam com guardas de farda verde-escuro, parecida com a do exército brasileiro.

Decidimos voltar para o acampamento, pois ainda tínhamos pela frente um bom pedaço de estrada. Esses passeios pelo parque devem ir no máximo até as seis horas, quando começa a escurecer. Depois, o mais aconselhável é pegar a estrada e voltar para o acampamento.

O John nos recebeu com um delicioso chá quente. Resolvi então dar uma corrida para manter a forma. Afinal, estávamos a 2.300 metros de altitude. O Kito quis ir junto.

Ao pegarmos a pequena estrada que sai do acampamento, ouvimos uns gritos. Olhei para trás e vi umas pessoas acenando para a gente. Acenei de volta e comentei com o Kito:

– Que gente mais simpática!

E continuamos correndo. Uns 15 minutos depois, ao fazermos uma curva, levamos o maior susto. Simplesmente quase esbarramos num elefante que tinha o dobro da minha altura e parecia pesar algumas toneladas a mais do que eu (e olhe que eu estava meio gordo...). O Kito ficou branco.

– Continue correndo, não faça nenhum movimento brusco. Mantenha o ritmo – aconselhei.

Passei pelo elefante olhando fixamente em seus olhos. O bicho estava a menos de dois metros de nós. Tentei manter a calma – e foi difícil, pois não sabia qual seria a reação do paquiderme. Sei que ele corre pelo menos três vezes mais rápido do que o homem, embora demore a embalar e ganhar velocidade. Mas quando isso acontece, não adianta subir em árvore nem se jogar no rio. Só resta um recurso, aliás muito usado nas piores situações da vida – OF, isto é, orações fervorosas.

Não sei como, mas parece que meu olhar fulminante conseguiu imobilizar o elefante. Ou então ele nos achou insignificantes demais para merecermos uma corrida e uma pisada e nos deixou passar. Parecia mais interessado em sua refeição, umas folhas bem verdes que arrancava dos galhos de uma árvore.

Passado o susto, ainda pude brincar com o Kito, relembrando uma velha piada que ouvi na garagem de remo da Lagoa.

– Sabe qual é o órgão sexual do elefante?
– É a tromba.
– Errou. É a pata.
– Por quê?
– Pisou, fodeu!

O Kito até riu da piadinha infame que serviu para aliviar a tensão. Tratamos de apertar o passo e ainda pudemos ver cinco elefantes que deviam fazer parte do mesmo grupo daquele macho com que cruzamos.

Para falar a verdade, aquela corrida era mais um pretexto para eu dar um pulinho na pista do aeroporto e saber se a Lisa tinha chegado com os seus pais. O movimento no aeroporto naquele dia tinha sido grande, achei que poderia encontrá-la. Mas quando chegamos ao aeroporto – uma pista de terra esburacada e poeirenta – não encontramos ninguém. Estava tudo abandonado. Conformado, voltei para o acampamento. Estava tão triste que nem pensei na possibilidade de encontrar novos elefantes. Felizmente, não levamos mais nenhum susto no caminho de volta.

Mal chegamos ao acampamento, um dos guardas nos deu o maior esculacho. Ele estava realmente zangado quando nos lembrou que era terminantemente proibido sair a pé da área do acampamento, de dia ou de noite. Avisou que poderíamos encontrar animais ferozes pelo caminho. Aproveitei para contar nossa trombada com o elefante. Todos morreram de rir.

Antes do jantar, fui tomar o meu primeiro banho no acampamento. O sistema hidráulico era dos mais inteligentes: atrás de cada barraca havia um boxe de lona, como nos filmes americanos de faroeste. John, o chefe do acampamento, mandava esquentar um balde de água, o que, naquele friozinho do acampamento, era uma delícia.

Estávamos no dia 22 de dezembro e durante o jantar fizemos planos para o nosso Natal. Decidimos que faríamos uma ceia na noite do dia 24 e, no dia de Natal, um churrasco. O Caco, que é gaúcho de Porto Alegre, se ofereceu para acender o fogo e assar a carne que compraríamos no dia seguinte na vila mais próxima.

Jantamos e fomos até o hotel passar um fax. Desta vez, era verdade. O Caco queria uma resposta da TV Globo a respeito da reportagem sobre a Aids em Uganda, o que se tornava a cada dia mais difícil, pois a KLM não queria trocar as passagens. Eu continuava com minha missão secreta – ver se a Lisa tinha chegado.

Não contei para ninguém, mas o Caco e o Claus perceberam alguma coisa. O Caco sempre dava um risinho de cumplicidade cada vez que eu insistia em parar num dos hotéis próximos ao acampamento. Já o Claus sempre soltava uma indireta na esperança de que eu me abrisse. Como somos amigos há muito tempo e conheço bem aquela peça, eu me divertia deixando-o cada vez mais curioso.

No caminho para o Ngorongoro Lodge cruzamos com um bando de búfalos. Felizmente, eles já deviam ter jantado e se preparavam para dormir. Segundo o Ligeirinho, os búfalos são bem mais violentos que os elefantes e se topássemos com eles no caminho correríamos risco de vida. Ainda bem que naquela noite só encontramos um elefante que parecia mais interessado em comer seu jantar do que em dois brasileiros correndo esbaforidos!

O Ngorongoro Lodge é mais moderno que o Crater Lodge, mas este é muito mais charmoso. O Crater é um hotel da A&K nas proximidades do acampamento. Pertence ao governo da Tanzânia, assim como vários outros hotéis, pousadas e alojamentos da reserva. Mas o melhor hotel da região, maior e mais bonito que o Ngorongoro, é o Sopa Lodge, que fica a uma hora do nosso acampamento, numa estradinha que cruza toda a cratera. O Sopa Lodge pode ser considerado um dos poucos hotéis de seis estrelas do mundo.

Passamos o fax do Ngorongoro Lodge, onde fomos apresentados a alguns amigos do Ligeirinho que nos deram boas dicas sobre onde comprar carne para o churrasco. Pensamos que o churrasco possibilitaria um bom momento de confraternização entre toda a equipe – os cozinheiros e ajudantes do acampamento sempre se recusavam a comer na mesa conosco.

O churrasco, com cada um se servindo à vontade, seria uma boa forma de quebrar o gelo.

Acordamos bem cedo no dia 23 e voltamos ao interior da cratera, como sempre em dois carros, um com os fotógrafos e a Margarida, outro com o Caco, o Kito e eu. Fotografamos e filmamos mais animais e o Caco fez novas gravações da chegada à cratera. Nesse dia, vimos pela primeira vez uma enorme boiada sendo conduzida por alguns maasais. Eles seguiam ao longo da estrada, os homens com cabelos compridos enfeitados com miçangas, as mulheres com a cabeça raspada. Todos usavam panos coloridíssimos enrolados no corpo. No pescoço usavam enormes colares de contas coloridas, do tamanho de um disco LP.

Ainda hoje os maasais carregam uma lança e uma faca e usam nos tornozelos sininhos que não param de tilintar. Dizem que a palavra Ngorongoro, que dá nome à cratera, é o som emitido por esses sininhos que os maasais usam no tornozelo desde que invadiram e ocuparam a cratera, acerca de 300 anos.

Sem sair do carro, tomamos a frente da boiada e filmamos a novidade. O Kito ficou pendurado no teto do carro e eu segurei suas pernas para que ele não caísse. Ainda nesta manhã dei uma entrevista para o Caco falando sobre as vantagens e desvantagens daquele sistema de turismo do Kilimanjaro e do Parque Nacional de Arusha em relação ao turismo no Brasil.

Considero que os brasileiros têm muito a ensinar em relação a organização comunitária, formação de cooperativas e desenvolvimento sustentado como o Pró-Natura defende mas, ao mesmo tempo, pode aprender com os africanos a explorar o turismo ecológico ou selvagem. Tudo ali era muito bem organizado, normatizado e vigiado. Na minha opinião, o governo local deveria tomar medidas para evitar o excesso de carros e turistas nos parques nacionais, o que já vinha acontecendo no Quênia onde o movimento nos parques é cerca de cinco vezes maior do que o registrado na Tanzânia.

Concluídas essas gravações, o Caco e o Kito se deram por satisfeitos com o material que tinham sobre a cratera. Discutimos então a possibilidade de visitarmos a aldeia maasai, o vilarejo mais próximo e outras curiosidades da região. Eu disse que gostaria de conhecer o Sopa Lodge, mas todos notaram que meu interesse não era exatamente no luxo e conforto do hotel mas sim em tentar descobrir se a Lisa tinha passado por lá.

Normalmente, os turistas gastam no máximo dois dias na cratera, mas nós teríamos pelo menos seis. Portanto, teríamos todo tempo do mundo para passear, conhecer as reservas e fotografar. Assim, preferi voltar para o acampamento, mas o Claus, a Margarida e o Roberto continuaram fotografando. Fazia muito calor, mas a altitude e a baixa umidade ajudavam a amenizar a temperatura. Depois do almoço e de uma soneca, continuamos filmando e fotografando a cratera e seus animais.

O grande programa daquela tarde era visitar uma tribo maasai. Nós nos afastamos um pouco de nosso acampamento e logo encontramos um grupos deles na beira da estrada. Quando nossos carros passaram, eles começaram a balançar os ombros girando seus enormes colares. Parecia um aceno típico. Os homens usavam um enorme arranjo de penas de avestruz na cabeça como se fosse um cocar bem alto.

Caçadores e guerreiros, os maasais no passado confeccionavam esse cocar com juba de leão. No entanto, como atualmente a caça é proibida, eles escolhem penas com uma cor semelhante à das jubas. Mesmo assim, a fama de guerreiros dos maasais persiste e eles ainda são a tribo mais respeitada em todo o centro-leste africano. Aquele grupo que passou por nós formava um conjunto muito bonito. Daria uma bela ala em qualquer escola de samba.

Diante de nosso deslumbramento com aqueles guerreiros, o Ligeirinho nos propôs visitar uma aldeia maasai no dia seguinte. Como seria antevéspera do Natal, eles certamente estariam se preparando para a festa. Topamos na hora.

Voltamos para o acampamento ainda com o sol brilhando. Uma sorte, diante das radicais mudanças de tempo da cratera do Ngorongoro, uma das regiões de tempo mais instável em toda a África. No fim da tarde pode fazer sol forte no acampamento refletindo-se na parede oposta enquanto no meio da cratera chove torrencialmente. O Kito aproveitou para filmar os turistas e nossos ajudantes naquele cenário com dois climas simultâneos.

No acampamento havia um grupo de sul-africanos que tinham vindo de carro de Capetown. Eram três famílias que todos os anos se reúnem para uma expedição diferente, pois consideram que essa é a melhor maneira de se manter a harmonia familiar durante o resto do ano. Eles têm razão. Conseguir harmonizar os integrantes de uma equipe levando-se em conta as diferentes características, gostos e manias de cada pessoa é uma vitória. Se ao fim de uma expedição um não estiver querendo matar o outro, é sinal de que a amizade vai durar o resto da vida.

Conhecemos uma outra equipe que viajava de caminhão, um tipo de turismo que cada ano ganha mais adeptos não só na África mas em outras partes do mundo. São caminhões Overlanders, grandes, totalmente equipados, com tração nas quatro rodas, guinchos e peças sobressalentes. A carroceria tem um teto removível que pode ser aberto nos dias de sol e fechado quando chove. As pessoas viajam na parte de trás sentadas confortavelmente em cadeiras e poltronas.

Esse conceito de turismo, feito mais por gente jovem, me parece muito interessante, pois é uma forma de as pessoas ficarem mais perto da natureza. Além disso, durante a viagem todos trabalham, revezando-se na cozinha, na montagem das barracas, na faxina e na arrumação dos equipamentos e utensílios. Em geral, contrata-se uma pequena equipe – um motorista e um auxiliar – o que torna a expedição mais barata. A circulação desses Overlanders é permitida na maior parte dos parques da África, mas não na cratera. Para visitá-la, os turistas têm de alugar Land Rovers ou Land Cruzers.

Visita
aos maasais

> *Ao chefe maasai é permitido ter quantas mulheres quiser – cem e até mais – desde que possa mantê-las.*

E SCOLHI viajar à África entre os dias 11 de dezembro e 6 de janeiro por duas razões. Primeiro, porque não sou muito chegado às festas de fim de ano. Por razões familiares, prefiro sair de circulação nessa época e passar essas datas fora de casa. Já passei finais de ano no Saara, na Amazônia, nos Andes e na Patagônia. Além disso, é uma época em que nada acontece. As empresas dão férias coletivas em dezembro ou uma espécie de folgão nas semanas de Natal e o Ano-Novo e não há muito o que fazer. Não me dói a consciência abandonar por uns tempos meus afazeres empresariais no Pró-Natura e viajar por lazer para produzir uma expedição como essa que tem vários pontos de utilidade ou, simplesmente, para descansar.

Para o Roberto, a escolha dessa data caiu como uma luva, pois coincidiu com as férias de seu curso de mestrado em Yale. Por outro lado, houve uma pressão grande para que fizéssemos a expedição em outra época. A TV Globo alegou que não conseguiria repórter e cinegrafista que aceitassem viajar para tão longe no Natal. Mas o Caco e o Kito acabaram topando e foi ótimo.

Na noite do dia 23 todos pareciam animados com a proximidade do Natal embora só eu estivesse acostumado a passar a data longe de casa. Jantamos e fomos dormir cedo. Normalmente durmo no máximo cinco ou seis horas por noite, mas ali eu estava com muitas horas de sono "estocado". Deitado em minha barraca, com os olhos abertos, me dei conta de como o Roberto andava calado e pensativo nos últimos dias. Talvez estivesse com algum problema. Pensei em conversar com ele no dia seguinte.

Como sempre, eu e o Claus conversamos um pouco antes de dormir, relembrando antigas viagens que fizemos juntos. Nessa noite, ele estava particularmente chateado porque as duas máquinas que tinha trazido, uma Nikon F4 e outra Nikon menor, estavam falhando. E eu não tinha levado minha Nikon F2, uma espécie de pau para toda obra de que nunca me separo. Toda manual, a F2 resiste a tudo e nunca pára. Já levou vários tombos, pegou 50 graus positivos de temperatura com muita umidade e 40 graus negativos com gelo e neve e caiu duas vezes no rio Amazonas. Molhou tudo: motor, caixa e lentes, mas secou e ficou boa. Foi só colocar um filme novo e sair fotografando.

No início das expedições, eu funcionava também como fotógrafo. Minha F2 e o resto do equipamento são desta época, isto é, de 14 anos atrás. As máquinas do Claus são obviamente sofisticadíssimas mas, de comando eletrônico, não agüentam o tranco. Ele prefere os modelos mais novos alegando que as máquinas antigas são muito pesadas e lentas. Pode ser, mas prefiro minhas antiguidades.

O Claus e um outro fotógrafo, o Ciro, começaram a me acompanhar quando as expedições cresceram. Lamentei um pouco ter deixado de fotografar oficialmente as viagens, mas, no fundo, foi bom. Com tantas coisas para resolver numa expedição, eu não poderia mesmo fazer fotos com a qualidade das do Claus.

Na manhã seguinte, o Roberto e o Claus quiseram voltar mais uma vez à cratera. Diziam que ainda precisavam fotografar umas coisinhas. Os dois, incansáveis, pareciam turistas japoneses que saem fotografando tudo. Eu me lembrei dos meus plantões na enfermaria de ortopedia no Hospital Miguel Couto onde o professor Nova Monteiro costumava dizer:

– Quando você tem um martelo na mão, tudo fica com cara de prego e você sai batendo em tudo o que vê pela frente.

Ele se referia à tendência de todo cirurgião para cortar quando tem um bisturi na mão. O comentário se aplicava perfeitamente ao Roberto e ao Claus que fotografavam até a própria sombra.

Aproveitei para ir com o Caco e o Kito até a vila mais próxima comprar carne para nosso churrasco de Natal. A Margarida queria colocar a carne num molho especial para torná-la mais macia. Os cozinheiros não estavam gostando muito da interferência feminina e olhavam torto para a Margarida. Esta, por sua vez, falava pouco inglês e tentava se entender com eles através de mímica. Felizmente não houve nenhum atrito sério entre eles.

Escolhemos um vilarejo que ficava a menos de um quilômetro da estrada principal. Lá as casas eram distribuídas em "U" e tinham um grande gramado no meio. As construções eram de madeira e no meio delas havia uma escola e um hospital. Mais da metade das lojas eram cooperativas.

Os maasais vendiam seu gado naquela vila. Entregavam bois e cabras para serem abatidos pelos açougueiros ali mesmo, na frente de todo mundo, num dantesco espetáculo de sangue. Os bois morriam em silêncio, com uma machadada na nuca. As cabras morriam gritando. Depois, os açougueiros tiravam o couro e separavam os pedaços dos animais. Era horrível ver e ouvir aquilo. Os maasais negociavam diretamente com esses açougueiros, que eram pessoas do mais alto estrato social da comunidade. E não perdiam a postura nobre e altiva, uma característica daquele povo.

Nosso motorista se ofereceu para tratar da compra da carne, alegando que poderíamos ser roubados e prometendo conseguir um bom desconto. Provavelmente ele obteria uma comissão do dono do açougue. Tudo bem. Concordamos e ficamos conversando do lado de fora. Logo chegou um outro grupo de maasais e o Kito não resistiu: pagou US$ 1 e filmou quatro deles. Muito amistosos, eles começaram a brincar com a câmera, encantados. Quando terminou a filmagem, o Kito mostrou a eles as imagens no *playback* do vídeo. Eles ficaram espantados, sem entender como poderiam estar dentro daquela máquina, e se esqueceram de cobrar os direitos de imagem.

Nosso motorista voltou com as compras: quase dez quilos de filé mignon pelos quais pagou um preço bem razoável. Era muita carne para dez pessoas, mas só o Matamata, o motorista do caminhão, devia comer sozinho uns dois quilos.

Ele insistiu para que fôssemos conhecer sua casa antes de voltarmos ao acampamento. Foi tão simpático e insistente que não tivemos como recusar. Além disso, estávamos bem curiosos e o Kito queria filmar o lugar, uma espécie de alojamento para peão de obra. Era uma construção comprida com telhado de zinco, uns 30 quartos e um só banheiro para todos. A mulher dele não falava inglês, mas era muito alegre e comunicativa. O quarto deles era mínimo e só cabiam um armário e a cama do casal.

Havia uns quatro desses alojamentos. Paramos em frente a um deles, o mais movimentado, onde algumas mulheres faziam o cabelo ao ar livre. A cabeleireira do vilarejo era a mulher do nosso motorista. Ele viajava muito e ela, para não ficar sem fazer nada, ganhava uns trocados alisando os cabelos e fazendo trancinhas com miçangas enfeitadas nas dondocas da vila. Em volta, crianças brincavam descalças sob os olhares atentos das mães.

Depois do almoço pusemos novamente o pé – isto é, as rodas – na estrada para visitar uma aldeia maasai. O Claus, o

Kito e o Roberto levaram as câmeras. O caminho era ruim, cheio de pedras e quando pegamos uma trilha de gado usamos tração nas quatro rodas. Da estrada não se via nada, mas quando começamos a subir logo avistamos uma das pequenas vilas dos maasais.

Ngorongoro é uma reserva especial porque o governo da Tanzânia permite que as pessoas vivam ali. Claro que essa permissão hoje em dia só é dada aos maasais, um dos povos mais primitivos do mundo, mas a cratera é habitada há milhares de anos. Acerca de dez mil anos ali viviam os hadza, chamados de povo Stone Bowl. Depois vieram os mbulus. Os maasais chegaram acerca de 300 anos e expulsaram os datoga.

Os maasais são basicamente carnívoros – não confundir com canibais. Vivem ali com seu gado bovino e caprino que, no período das chuvas, costumam trazer para pastar e lamber o sal natural no chão da cratera duas vezes por semana. Eles parecem não se importar com o intenso movimento de turistas e de carros pela reserva nem temer os animais que circulam por ali.

A organização da tribo é muito curiosa e pode soar machista, conservadora ou atrasada para nós ocidentais. Existe um chefe a quem é permitido ter quantas mulheres quiser – cem ou mais – desde que possa mantê-las. Mas para ter tantas mulheres assim o chefe precisa ser muito rico e ter muitas vacas. Entre os maasais, as moças são trocadas pelo pai por vacas. Quanto mais bonita e mais forte a mulher, mais vacas ela vale. Uma mulher muito bonita pode ser trocada por até 50 vacas. E elas podem ser reservadas quando ainda são crianças. Nesse caso, o interessado deve pagar um adiantamento para o pai da criança. Quando a moça chega na idade de casar, por volta dos 13, 14 anos, ele tem a preferência. E aí só precisa pagar a "diferença" de preço.

A aldeia é cercada por um muro construído de pau a pique e estrume e a principal casa da tribo é a do chefe. Ao redor desta casa, dispostas em círculos, ficam as casas das mulheres. À noite, o chefe escolhe aquela com quem vai passar a noite e a visita. Assim como tem de manter financeiramente todas as suas mulheres, o chefe também tem de visitar todas, regularmente.

Mas essas visitas não chegam a ser um sacrifício. Apesar das cabeças raspadas, algumas dessas mulheres são belíssimas de rosto e de corpo. Elas têm silhueta longilínea e ancas redon-das. Normalmente são vistas carregando um feixe de lenha ou uma criança na cintura.

O Caco ficou maravilhado com a beleza daquela gente e o Claus e o Roberto adoraram fotografar aquela tribo. Só a Margarida que, com razão, ficou chocada com a cultura machista dos maasais e passou o tempo todo defendendo as mulheres que eram vendidas pelos pais e traídas pelos maridos. Fomos obrigados a concordar com ela.

O Ligeirinho entrou para negociar os direitos de filmagem com o chefe maasai. Voltou minutos depois todo contente dizendo que por US$ 50 poderíamos filmar a tribo toda pelo tempo que quiséssemos. Achamos um preço razoável porque a tribo devia ter bem mais de 50 pessoas. E teríamos todo o tempo do mundo para as fotos.

A pedido do Claus, posei ao lado do chefe da tribo. Com todo respeito, coloquei um boné da Ipiranga, nosso patrocinador, na cabeça dele, que achou engraçado e me pediu para ficar com o boné. Em troca, me deu uma máscara entalhada em madeira.

Apesar de recobertas com estrume de gado seco, as casas dos maasais não têm aquele cheiro forte e desagradável do estrume. Aproveitamos para conhecer o lado de dentro das casas. O chefe mandou que uma de suas mulheres nos acompanhasse. Acabamos entrando nas casas duas vezes, a primeira com câmeras de tevê e a outra com máquinas fotográficas.

Embora os maasais sejam homens altos – alguns têm até 1,90m – a entrada das casas era muito baixa – com cerca de

1,20m – e estreita. A casa era redonda e o corredor, apertado e muito escuro. Logo na entrada, do lado direito do corredor, vimos um bezerro amarrado no escuro. Aquilo fazia parte do ritual dos maasais que bebem sangue de bezerro furando uma veia do pescoço ou do braço do animal. Bebem o sangue e depois fecham a incisão, evitando que o bezerro morra. É um hábito puramente cultural embora o sangue de boi seja uma boa fonte de nutrição.

Continuamos entrando na casa pelo corredor apertado até chegarmos a um cômodo maior onde se conseguia ficar de pé. Sentimos um cheiro fortíssimo de amônia. No chão, vimos os restos de uma fogueira, o carvão ainda em brasa com panelas por cima. Havia ainda dois quartos minúsculos em que mal cabia uma cama de casal. A cama era um estrado feito com galhos trançados coberto por um couro de vaca que servia de colchão. Para explicar a utilidade daquele móvel, a mulher que nos acompanhava entrou no quarto e deitou na cama.

O aspecto não era dos melhores, mas convém lembrar que a construção das casas dos maasais obedece a fatores como o clima e as condições de umidade da região. A temperatura média anual na Tanzânia não é das mais altas e à noite costuma fazer frio. No acampamento, à noite, nos aquecíamos em volta da fogueira e dormíamos de cobertor.

Sem janelas, as casas tinham nas paredes dois buracos de no máximo cinco centímetros de diâmetro que funcionavam como respiradouros e deixavam entrar também um pouco de luz. Do teto caía uma espécie de estalagmite formada pela fuligem de carvão e gordura. O Roberto e o Claus fotografaram tudo.

Pedido
de casamento

> *De certa forma, o Kilimanjaro começava a mudar nossas vidas.*

OS MAASAIS são um povo de poucas palavras e, quando falam, é em maasai, uma língua que não se parece com nenhuma outra. O pouco de inglês que conhecem não permite uma comunicação mínima. Portanto, se quiséssemos aprender sobre eles teria de ser a partir de nossa observação.

Na cultura maasai as crianças começam a trabalhar cedo. Até os 15 anos são elas que tomam conta do gado, que é criado em volta das casas. A partir dessa idade, no entanto, elas começam a ser preparadas para a guerra. Para se tornar um verdadeiro guerreiro, o menino maasai passa por uma cerimônia que, no passado, incluía matar um leão.

Os meninos treinam no mínimo cinco anos. Aprendem os segredos das lutas e a fazer e manusear lanças, facas e outros instrumentos de guerra. Seguindo uma tradição milenar, eles também visitam outras aldeias – é bom lembrar que os maasais são um povo nômade. Muitas vezes essas aldeias ficam no Quênia. Os maasais não precisam de passaporte nem de visto para entrar e sair dos países vizinhos. No início, a principal função dessas viagens, além da iniciação propriamente dita, era a de proteger a população de possíveis ataques das outras tribos. Hoje esses ataques não acontecem mais, mas permanece a tradição das visitas.

Ao fim de cinco anos de treinamento, os jovens guerreiros podem optar por viajarem mais cinco anos ou permanece-

Exemplos da beleza da mulher Maasai.
(Fotos Claus Meyer)

Kito apresentando milagres da tecnologia moderna
a um fascinado guerreiro Maasai.
(Foto Claus Meyer)

Marcelo com o chefe da aldeia...
"velhos amigos".
(Foto Claus Meyer)

Foi nesta mesa, durante a ceia de Natal, que...
(Foto Claus Meyer)

... nossa querida Guida
foi pedida em casamento pelo Roberto.
(Foto Claus Meyer)

Equipe de filmagem começando a descobrir
a suave magia do Serengueti.
(Foto Claus Meyer)

Quando Cristo nasceu,
esta árvore já tinha cerca de mil anos de idade!
Por isso, ou por influência do Pequeno Príncipe,
eu sempre relacionei o baobá com sabedoria e bom senso.
(Foto Claus Meyer)

PERSONALIDADES DA REGIÃO

(Fotos Claus Meyer)

PERSONALIDADES DA REGIÃO

(Fotos Claus Meyer)

PERSONALIDADES DA REGIÃO

(Fotos Claus Meyer)

O nosso rei leão e preparando para a "maratona de amor".
(Foto Claus Meyer)

Sem comentários!!!
(Foto Claus Meyer)

Uma breve pausa, jogando muito charme.
(Foto Claus Meyer)

A equipe reunida à sombra da sabedoria do nosso baobá.
(Foto Claus Meyer)

Todo sonho tem um fim!
Com o sonho bem vivido e as lições assimiladas,
veste-se a outra armadura para voltar a ser guerreiro de uma outra tribo,
numa outra batalha... a que se trava com barba feita, terno e gravata...
Muito interessante, de uma outra maneira, e muito necessária!
(Foto Claus Meyer)

rem em suas aldeias. A maioria deles prefere continuar viajando, pois têm abrigo e alimentação nas aldeias por onde passam. Quando um desses guerreiros volta para casa, a primeira providência de seus pais – uma espécie de presente – é arranjar uma mulher para que ele se case e forme sua própria família.

Embora jovem, esse guerreiro já é considerado um veterano na tribo e age como se fosse um aposentado no Brasil. Fica sentado contando histórias e relembrando as andanças e aventuras do seu período de treinamento. O trabalho pesado sobra mesmo para as mulheres – responsáveis pela alimentação, pela venda do gado e pelas tarefas domésticas – e para as crianças – que cuidam dos animais.

Os maasais não são donos da terra onde vivem. Esta pertence ao governo. Talvez por isso, e também por serem nômades, eles não plantam nada, alimentando-se basicamente de carne, sangue de boi e uma papa de cereais que compram ou trocam no mercado. A maior parte das transações comerciais é feita com base nas trocas.

Fora uma quantidade enorme de moscas que sobrevoavam principalmente as crianças, a aldeia era muito limpa. As crianças, de aparência saudável, magras e longilíneas, pareciam não se importar nem um pouquinho com os insetos. Antes de ir embora, perguntei a um maasai se eles comemorariam o Natal ou, pelo menos, se ensaiariam uma dança para a festa. Ele disse que não, que seu povo não comemora o Natal. Parte da tribo tinha sido contratada para se apresentar no Hotel Crater Lodge na tarde do dia 25 de dezembro. Acho que eles não sabem bem o que é Natal.

No caminho de volta ao acampamento, depois de uma visita de três horas aos maasais, passamos no hotel para "passar um fax". Um funcionário da recepção transmitiu ao Caco um recado do Jorge Pontual, pedindo que ele telefonasse para a TV Globo. O Pontual adorou a idéia da reportagem sobre a

Aids em Uganda mas disse que, infelizmente, não tinha verba para comprar novas passagens. A KLM parecia inflexível: não aceitava estender os bilhetes promocionais até Uganda. O Caco resolveu esperar mais um dia até se dar por vencido.

Era 24 de dezembro e todos estávamos ansiosos pela ceia de Natal. Na cozinha, enquanto a Margarida preparava a carne para o churrasco do dia seguinte, os ajudantes faziam a ceia. John era dos mais animados e prometia algo especial para aquela noite. Só não quis dizer o que era.

Fomos tomar banho e nos preparar para a festa. Infelizmente, ninguém tinha levado roupa nova para a ocasião. Tivemos de nos contentar com as roupas limpas, lavadas e passadas por nossos anjos da guarda, os ajudantes da expedição. Para isso eles usavam a energia de um gerador que havia no caminhão. O Kito usava esse gerador para recarregar a bateria de sua câmera.

Quando menos se espera, as mulheres tiram da bagagem objetos impensáveis: a Margarida tinha levado para a África um vestido estampado com flores, sapato de salto e batom vermelho. Ela se arrumou toda para a festa, prendendo o cabelo num coque. Chiquérrima! Mas a grande surpresa da noite ficou por conta do John, que apareceu vestido de lorde inglês com um paletó escuro, gravata-borboleta e luvas brancas.

Esperávamos pelo jantar do lado de fora do acampamento, ao lado de uma figueira, quando John veio nos chamar, às oito horas em ponto. Começou nos servindo o champanha francês que levamos para a ocasião. Tínhamos comprado duas garrafas, uma para o Natal e outra para o *réveillon* e o John levou mais duas. Como a turma era mais da cerveja, as quatro garrafas foram suficientes.

Antes da ceia na barraca-refeitório, fizemos um brinde e cada um falou um pouquinho da saudade do Brasil. Ficamos imaginando o que nossos parentes e amigos estavam fazendo naquele momento. O Claus sabia que sua mulher, Helena, estava na Alemanha passando o Natal com seus pais e com os filhos, Ingo e Cristiana. Ele iria encontrá-los lá depois da expedição. O Kito filmou a festa.

O último a falar foi o Roberto. Ar sério, ligeiramente nervoso, ele pediu a palavra, olhou para a Margarida e perguntou:
– Guida, você quer casar comigo?

Ela ficou surpresa. Sorriu e, com lágrimas nos olhos, abraçou o namorado e disse que aceitava. Percebi então que aquele ar preocupado do Roberto nos últimos dias tinha razão de ser. Afinal, ele tinha tomado uma decisão muito séria na vida. Séria mas muito bem pensada. Tanto que, depois do pedido, ele tirou do bolso um par de alianças e eles as colocaram.

De certa forma, o Kilimanjaro começava a mudar nossas vidas. O Roberto contou que ia pedir a Margarida em casamento no topo do monte, mas ela não pôde subir, então achou melhor esperar a ceia de Natal. Uma data mais do que apropriada, pois estávamos bem mais relaxados, em clima de confraternização total.

Depois do pedido, o ambiente ficou ainda mais alegre. E romântico, é claro! A conversa foi até tarde e a ceia... bem, a ceia estava maravilhosa. Tinha salada, arroz, frango, carne e batata, enfim, pratos simples mas temperados com os ingredientes mágicos que só o John conhecia e não dava a receita para ninguém. Para arrematar, uma deliciosa sobremesa de banana com canela.

Eu e o Claus relembramos outras expedições, como a de 87, em que viajamos pelo Pantanal numa equipe de 33 pessoas divididas em dois grupos. Um grupo iria para a região da Chapada dos Guimarães, e o outro para o interior do Pantanal.

Nós dois estávamos no último grupo. Como no Pantanal não existem estradas, só trilhas, contratamos um guia, o Benigno. Nome nada apropriado para o tal cara que tinha a péssima mania de sacar o revólver a todo momento e atirar em tudo que se movia. Além do apelido de Maligno, ele foi severamente advertido e teve de se controlar durante o resto da viagem.

Eu dirigia um jipe Toyota com o Claus do meu lado. Atrás, vinha um comboio de 15 veículos entre *hovercrafts*, motos e caminhões, além de um ultraleve e um avião. Meu Toyota era o único com ar-condicionado e por isso ganhou o apelido de UTI – Unidade de Tratamento Intensivo. Quando alguém passava mal por causa do calor de mais de 40 graus era imediatamente levado para a cabine.

No meio da viagem, vi dois amigos, o Paul Gaiser e Jacques Rochebois, correndo, fazendo gestos desesperados e gritando coisas incompreensíveis. Nós nos aproximamos e ouvimos quando eles gritaram:

– Abelhas! Abelhas!

Foi muito engraçado ver aqueles dois marmanjos fugindo como crianças apavoradas das abelhas que tinham entrado na cabine do caminhão deles por uma abertura no teto. Livre das abelhas, o Alexandre Santos e o Fred Stelin, que dirigiam o caminhão, foram atrás dos dois fujões. Passaram em alta velocidade por nós, mas pararam logo na frente. Atolados.

– E por que vocês não descem e tentam desatolar o caminhão? Não querem molhar os pezinhos? – perguntei.

– Não, é que tem um jacaré nessa poça – respondeu o Fred.

Tomando cuidado para não despertar a ira da fera, joguei o cabo de aço do guincho do Toyota que eles engancharam na carroceria do caminhão e puxamos. Conseguimos desatolar o caminhão.

Mais tarde, o Jacques contou que o Paul fez outra daquelas brincadeiras infames. Enquanto dirigia, ele assumiu um ar preocupado e gritou:

— Fecha o vidro, rápido!

O Jacques levou a ordem a sério e fechou todas as janelas com medo de um novo enxame. Mas teve de abri-las um segundo depois, pois o Paul tinha produzido um desagradável cheiro de gases e ninguém agüentaria ficar ali muito tempo trancado.

As histórias não eram exatamente as mais adequadas para serem contadas durante uma ceia de Natal, mas todos entenderam que o sucesso de uma expedição do porte da do Kilimanjaro, que exige meses de planejamento, profissionalismo e despesas, depende muito do bom humor de todos. O espírito de molecagem saudável e as brincadeiras conseguem reverter qualquer situação desagradável.

O Roberto e a Margarida resolveram comemorar o noivado passando a noite no Crater Lodge. Pedimos ao Ligeirinho para levá-los até lá e dispensamos os outros motoristas para que eles passassem o resto da noite de Natal com suas famílias, não sem antes convidá-los para o churrasco do dia seguinte. Um convite extensivo a seus familiares, é claro. Oferecemos uma garrafa de vinho para nossos ajudantes comemorarem o Natal e fomos dormir pouco depois da meia-noite.

O dia de Natal amanheceu chuvoso. Era nosso primeiro dia de chuva na Tanzânia. Esperamos para ver se a chuva passava mas, diante da insistência, desistimos e decretamos feriado nacional. Passaríamos o resto do dia no acampamento arrumando nossos equipamentos, limpando uma ou outra coisa e dormindo.

O acampamento estava praticamente vazio. As pessoas tinham ido passar o Natal fora do parque, nos hotéis. A Margarida e o Roberto voltaram do Crater Lodge e fizeram questão de contar ao John que o café da manhã de lá não era em nada superior ao que ele preparava no acampamento. John ficou orgulhoso com mais esse elogio.

À tarde demos um pulinho no Crater Lodge e assistimos a uma *performance* de um grupo maasai. Eram cerca de 50 maasais que chegaram num caminhão, todos como sempre impecáveis com seus panos coloridos, os cabelos enfeitados com miçangas, os homens carregando facas e lanças. No gramado em frente ao hotel, eles começaram a cantar à capela uma espécie de mantra melodioso, um *gospel* afinado. Era um dos sons mais lindos que já ouvi na vida. Parecia que por trás deles tinha uma orquestra completa, mas não havia nenhum instrumento a não ser suas vozes. Fiquei maravilhado, quase que hipnotizado.

Além do canto, eles dançaram uma bela coreografia, mudando de posição, formando círculos e de vez em quando pulando bem alto, balançando seus colares em forma de disco e agitando suas lanças. Havia um grande grupo de turistas assistindo e o Roberto, o Claus e o Kito, com suas máquinas, registraram tudo.

De repente, um rapaz de uns 15 anos, um dos que pulava mais alto, se afastou do grupo. Saiu disfarçadamente por trás, mancando, e agachou-se do lado de uma árvore. Fui até lá ver o que estava acontecendo. Ele me mostrou o tornozelo que acabara de torcer e estava bastante inchado. Falando em inglês, eu disse que era médico. Ele me entendia com dificuldade, mas deixou que eu o examinasse. Concluí que o tornozelo dele precisava ser imobilizado.

Pedi ao gerente do hotel, um inglês bastante simpático, que providenciasse bandagens para o curativo. Ele arranjou tudo, mas avisou que dificilmente o menino ficaria com o pé imobilizado.

— Ele no máximo vai permitir que você coloque a bandagem, mas amanhã já estará sem o curativo. Eles não estão acostumados a receber nenhum tipo de assistência médica – disse o inglês.

Agradeci e voltei para o garoto, que me esperava no mesmo lugar. Quando terminei de imobilizar o tornozelo dele, expliquei-lhe que teria de ficar com aquilo pelo menos 20 dias, se possível sem fazer maiores esforços. Parece que ele me entendeu, pois balançou a cabeça, agradecido.

Entrevista
com o baobá

Filma logo ou eu despenco daqui!

E U JÁ IA EMBORA quando o menino me puxou pelo braço e tirou do pulso uma pulseira feita de rabo de elefante e me entregou, dizendo que era um presente. Ele me deu também sua lança, uma faca e o cajado que usava para tocar o gado. Misturando mímica e inglês, tentei recusar, mas ele insistiu para que eu aceitasse. Disse que eu era diferente. Tinha sido bom para ele, que nunca tinha recebido nada de um branco a não ser dinheiro por algumas fotos. Fiquei emocionado e não tive como recusar os presentes que, por sinal, eram lindos.

Antes de partir, ele me contou que a lança maasai é feita artesanalmente. Muito pesada, pode ter até dois metros de comprimento e é dividida em três partes: as duas extremidades de ferro batido, uma em forma de lâmina e a outra mais comprida e também afiada, ligadas por uma pequena madeira. No passado, essas lanças eram usadas nas guerras e para matar animais, especialmente leões.

O guerreiro fustigava o animal até ele se enfurecer e atacar. Quando o leão pulava em sua direção, ele enterrava uma extremidade da lança no peito do animal e, com uma manobra rápida, calcava a outra parte no chão. O próprio peso do leão contra a lança escorada no chão ajudava a matá-lo. Havia ainda a possibilidade de arrancar a ponta cravada no chão e furar o leão até matá-lo.

Essa técnica sangrenta é parecida com a usada no Pantanal para matar onças. Só que lá os caçadores matam o animal com uma lança que se chama zagaia. Fiquei contemplando aquela lança que o menino me deu e pensando em quantos estragos ela poderia ter feito. Felizmente, hoje os animais africanos são protegidos por lei e as lanças tornaram-se instrumentos folclóricos, uma parte interessante da cultura africana.

Perguntei ao menino sobre a pulseira de rabo de elefante. Ele contou que as crianças da tribo, quando querem pulseiras novas, se cobrem de esterco para se aproximarem do animal sorrateiramente, por trás e, na primeira chance, cortam alguns fios do rabo. Saem sujos de esterco, mas felizes da vida, pois com aqueles fios poderão fazer outra pulseira. Como os fios crescem de novo, os elefantes só ficam com o rabo cotó por uns tempos.

Ele explicou que as crianças se sujam de esterco porque os elefantes não enxergam bem, mas têm um olfato bastante desenvolvido e, se sentissem um cheiro diferente, poderiam ficar nervosos. Sujas, elas podem se aproximar sem perigo, sem despertar a fúria do bicho. Segundo ele, essa técnica é milenar. Para mim, trata-se de mais um bom exemplo de desenvolvimento sustentado. Afinal, sem maltratar a natureza, eles estão utilizando um recurso natural renovável – no caso, o rabo de elefante – para produzir um objeto que pode ser vendido e, com isso, contribuindo com a receita familiar.

Quando voltamos do Serengeti, dez dias depois, fui até a tribo ver se meu paciente tinha-se recuperado. Logo que cheguei o vi andando pela aldeia com seus companheiros e ainda usando a bandagem que estava muito suja. Ele veio ao meu encontro. Examinei seu tornozelo e fiquei impressionado com a recuperação. Estava ótimo, os movimentos perfeitos, sem inchaço. Dei-lhe alta, autorizando-o a tirar a bandagem. O pai dele me deu mais presentes, artesanato feito pela tribo. Nos despedimos com um sorriso e ele ficou para trás. Nunca soube seu nome, mas também nunca vou me esquecer o olhar agradecido e o sorriso feliz daquele menino maasai, um futuro guerreiro, sem dúvida.

A apresentação dos maasais no pátio do hotel foi seguida pela de um coral *gospel* também contratado para a ocasião. Eram tanzanianos de uma igreja de Arusha que entoaram um belo canto. Mas eu ainda estava impressionado com a sonoridade e a harmonia do mantra do coral maasai.

Na volta ao acampamento, um magnífico churrasco nos aguardava. Todo mundo deu palpite na preparação da carne, mas o pedaço feito pela Margarida era o mais macio. Ela não quis contar o segredo daquela carne, que estava excelente, melhor do que a preparada pelos nossos cozinheiros oficiais.

Nossos ajudantes tinham aceitado nosso convite e vieram trazendo mulheres e filhos. Éramos umas 20 pessoas mas, infelizmente, nem todas falavam inglês e a conversa custou a engrenar. Mas quando eles começaram a cantar, foi uma alegria só. Nosso motorista Matamata era um dos mais animados. Ele gritava a todo instante algo parecido com "ipiranga". Não sei se era uma homenagem ao nosso patrocinador ou uma palavra engraçada lá no dialeto deles. Ou, quem sabe, um palavrão. Só sei que Matamata se divertia muito gritando "ipiranga" e se recusou a traduzir para o inglês o significado daquela palavra.

O churrasco correu animado até quase uma hora da manhã, mas eu fui dormir mais cedo. No dia seguinte, acordamos tarde e consegui fazer o pessoal desistir de partir logo para o Parque Nacional do Serengeti, última etapa de nossa expedição. Convenci-os a visitar o Sopa Lodge, o tal hotel seis estrelas da Tanzânia. Na verdade, eu queria ver se a Lisa estava lá ou, pelo menos, se tinha deixado um bilhete para mim.

O hotel ficava a uma hora de carro do acampamento. No caminho, paramos para ver um monumento em homenagem aos pioneiros da preservação e conservação da natureza no continente africano. O dr. Louis Leakey, grande arqueólogo e pesquisador de animais, era um deles. Tinha visto fotos dele no Crater Lodge e conhecia um pouco de sua história. Leakey nasceu no Quênia e foi um dos primeiros a pesquisar a origem da cratera do Ngorongoro.

O monumento tinha uma placa com os nomes dos pesquisadores mortos na região. Trazia também a data e a causa da morte. Muitos morreram em acidentes de carro – o que não chega a ser surpresa diante do estado de conservação das rodovias e da forma como os motoristas dirigiam na região. A segunda maior causa de morte entre os pesquisadores era por animais – búfalos, leões e elefantes. Mas o dr. Leakey tinha morrido na queda de um avião.

Já na entrada do Sopa Lodge ficamos impressionados com o luxo e a suntuosidade do lugar. Em estilo rústico, construído com pedras e madeira, ele não tem nada do luxo dos grandes hotéis europeus. Mas é muito bem decorado e fica num local privilegiado, no ponto mais alto daquele lado do Ngorongoro. De alguns lugares, pode-se ver toda a extensão da cratera. Uma vista maravilhosa!

Fui direto à recepção saber se havia notícias da Lisa. Mas, nada, nenhuma referência nos registros ou nas reservas. Só muitos dias depois fiquei sabendo que ela havia estado lá na mesma época. Desanimado, continuei a visita com a equipe e partimos rumo ao Serengeti. No caminho, cruzamos com aquele baobá que vimos na chegada ao Ngorongoro e o Caco aproveitou para gravar uma passagem do documentário. Brinquei com ele, dizendo que o baobá era caladão e não gostava de dar entrevistas. Mas, quem sabe, se ele negociasse um bom preço em dólar, a árvore toparia falar. Só não sabíamos em que língua! O Caco estava tão fascinado pelo baobá que nem ligou para a gozação.

Uma família de babuínos cruzou nosso caminho, mas não deu muita bola para aquele bando de brasileiros encantados com a África. O babuíno é um macaco de porte médio muito divertido, que não tem medo do homem. O grupo estava confortavelmente sentado no meio da estrada e assim ficou, não se abalando com a nossa aproximação.

O Claus e o Roberto se fartaram de fotografar o bando, principalmente o que parecia ser o chefe da família, um babuíno gordinho que estava sentado de pernas cruzadas, os cotovelos sobre o joelho, o queixo apoiado em uma das mãos, como *O pensador*, de Rodin. O macaquinho *poseur* permaneceu todo o tempo assim, impávido e imóvel. E também não cobrou nada para servir de modelo para as fotos...

Quando, enfim, chegamos ao Rift Valley, nos dirigimos ao maior dos baobás e o Caco quis mais uma nova entrevista, desta vez em cima da árvore. Difícil foi subir. Embora o baobá seja uma árvore baixa, seus troncos e galhos têm a forma arredondada e não tínhamos onde nos agarrar. Fui o primeiro a subir; quanto ao Caco, já estava quase desistindo daquela acrobacia. Puxei o Caco para cima e a muito custo nos equilibramos. O Kito não gostou do ângulo de filmagem e pediu que o Caco mudasse de posição. Sempre gentil no trato com as pessoas, o Caco gritou:

– Filma logo ou eu despenco daqui!

Considerei aquela uma das paisagens mais bonitas do documentário. Falei um pouco sobre o baobá e o fato de aquela árvore majestosa e imponente, com o seu tronco de cinco metros de diâmetro, já estar ali mil anos antes de Cristo.

Passamos umas duas horas naquele lugar e aproveitamos para tirar a primeira foto oficial da equipe, baobá ao fundo. Uma segunda foto seria feita no Serengeti. Voltamos ao acampamento onde passaríamos nossa segunda noite e encontramos boa parte dele desmontado. Nossos ajudantes queriam sair bem cedo na manhã seguinte e combinamos que eles iriam direto para o parque do Serengeti montar novo acampamento enquanto nós gastaríamos o dia todo na viagem, parando pelo caminho.

Os animais
do Serengeti

> *Vimos uma família de leões acordando. Ao lado, a carcaça de um búfalo praticamente sem carne, só ossos ensangüentados.*

N O SÉCULO PASSADO, um alemão chamado Kattwinkel caçava borboletas no Olduvai Gorge quando, acidentalmente, descobriu fósseis que mais tarde identificou como sendo do *homo habilis*. A partir dessa descoberta, o *kaiser* alemão patrocinou uma expedição do professor Hans Reck, que em 1913 transformou aquela área de *canyon* num sítio arqueológico. Com a Primeira Guerra Mundial, o trabalho de pesquisa naquela região foi interrompido.

No entanto, em 1931, o professor Leakey viu os fósseis num museu em Berlim, procurou Reck e, juntos, eles voltaram ao Olduvai Gorge, onde descobriram fósseis do primeiro crânio do *Australopitecus boisei*, que viveu há um milhão e 750 mil anos. A partir dessa descoberta, a National Geographic Society passou a financiar as pesquisas de Leakey.

Era para esse antigo sítio arqueológico de Olduvai Gorge que nos dirigíamos na manhã do dia 26, depois de um rápido café da manhã e das despedidas do acampamento do Ngorongoro. Ficava no caminho para o Serengeti, a umas duas horas da cratera.

Tudo no parque é muito organizado, existe até um museu com réplicas em gesso dos fósseis encontrados na região. Vimos ainda pegadas do *homo habilis* e de animais pré-históricos, como mastodontes. Há guias para levar os turistas para um passeio de carro pelo *canyon*.

O chefe da reserva gentilmente se ofereceu para nos levar até o outro lado do *canyon* onde ficam as shifting sands, as areias que se movem. É um fenômeno único no mundo. Essas areias formam uma duna de poeira vulcânica escura, com cerca de nove metros de altura e cem metros de comprimento, que se move pelo vale quando a velocidade do vento atinge mais de 60 quilômetros por hora. A força magnética mantém os grãos de areia unidos.

A poeira que forma a duna foi expelida por um vulcão chamado Oldonyo Lengai, ainda ativo. Acredita-se que a duna venha se movimentando ininterruptamente e sem perder massa há mais de 500 anos. Ainda podemos ver o lugar de onde ela saiu, há dezenas de quilômetros de distância dali, e toda a sua rota até chegar ao ponto em que está hoje.

Em 1969, o governo da Tanzânia resolveu monitorar o movimento da duna e descobriu que ela se movimenta em média 17 metros por ano em direção à fronteira com o Quênia. Desde então, as autoridades vêm colocando marcos de cimento indicando o caminho percorrido pelas areias.

Nosso guia contou que os maasais adoram o vulcão Oldonyo Lengai. Eles acreditam que os deuses moram dentro dele, assim como na duna. Os maasais mais dedicados costumam fazer seus cultos, festas e oferendas na base do vulcão ou próximo à duna. Por isso, é comum encontrarmos por ali objetos como colares de contas, anéis, pedaços de lanças e brincos deixados pelos maasais.

O papo estava animado e tudo aquilo era fascinante, mas tínhamos de seguir para o Parque Nacional do Serengeti. Lanchamos no caminho, à sombra de umas acácias. O Kito queixou-se de que sua câmera de vídeo apresentava um defeito: a imagem tremia quando ele a reproduzia no próprio aparelho, o que significava que a gravação devia estar com falhas. Para ele, o defeito era causado pelo excesso de poeira nas estradas que pegamos. Os carros da A&K sofriam do mesmo problema e iam para revisão a cada mil quilômetros. Nossas roupas também pesavam alguns quilos a mais por causa da poeira.

De qualquer maneira, o fato de a câmera do Kito estar com problemas era preocupante. Ele calculou que o defeito surgira no Olduvai Gorge, mas não tinha como verificar o problema. E ali onde estávamos não ia aparecer nenhum técnico capaz de consertar a câmera. O jeito era relaxar e rezar.

Na entrada do parque, ao nos registrarmos, tivemos uma surpresa nada agradável: as taxas de entrada no Serengeti eram de US$ 10 por pessoa e mais US$ 15 por noite para acampar. O mesmo preço de Ngorongoro. Segundo um dos guias, essa taxa dobraria a partir de 1º de janeiro de 94 em todos os parques do país. E não fomos os únicos a reclamar dos preços. Todos os turistas que chegavam para se registrar protestavam.

Nosso motorista conversava com um dos guardas do parque e aparentemente falava sobre o Pró-Natura, pois logo o guarda me pediu um adesivo do instituto para colar numa parede de vidro repleta de plásticos do mundo todo. Esse guarda me fez uma série de perguntas sobre o Pró-Natura e expliquei que estávamos em negociações com o governo da Tanzânia e a Royal Geographical Society para a implantação de mais um parque nacional ali perto, mais ao norte.

A Royal Geographical Society fará os estudos sobre a viabilidade, o levantamento ambiental e o manejamento do parque e o Pró-Natura vai implantar um programa de desenvolvimento sustentado para as comunidades das imediações. Com isso, estaremos seguindo as recomendações da ONU, que preconiza ações como a do Pró-Natura no entorno de unidades de conservação como parques nacionais.

Quando se desenvolve e se oferece às comunidades da região uma alternativa econômica de vida, está-se evitando que elas causem danos ao meio ambiente como, por exemplo, caçar animais das reservas. Esse trabalho deverá começar em meados de 97 e era uma das minhas razões pessoais para nossa expedição. Eu queria fazer um primeiro reconhecimento oficial da região.

Vencida a burocracia para nossa entrada no parque, colamos o adesivo do Pró-Natura na parede e fomos para o acampamento. A paisagem era completamente plana e ressecada, pois o período de chuvas estava atrasado. Passamos por lá no pior momento da seca e, segundo nos informaram na administração do parque, a situação era ainda pior no Parque Nacional de Massaimara, a extensão, no Quênia, do Serengeti.

A estação das chuvas acontece em meses diferentes na Tanzânia e no Quênia e é comum a migração dos animais de um país para o outro atrás de água. Na Tanzânia, chove um pouco entre novembro e meados de dezembro e forte entre março e julho. No Quênia, as chuvas vêm entre dezembro e março e entre agosto e novembro. Mas, naquele ano, elas ainda não tinham aparecido.

No caminho para o acampamento, pudemos observar alguns morros no horizonte, mas não paramos para fotografar, pois queríamos nos acomodar logo. Na administração do parque nos ofereceram acomodações no acampamento privado da A&K, que custava US$ 40 por noite (por pessoa). Recusei dizendo que não havia motivo para ficarmos separados dos outros grupos que ocupariam o acampamento público. Além disso, o acampamento da A&K ficava fora da reserva. E, último argumento, ninguém ali estava disposto a pagar muito mais caro para acampar.

A montagem de nossas barracas e equipamentos levaria pelo menos três horas. Resolvemos dar uma volta pelo parque e conhecer o Seronera Lodge, um hotel do governo cuja "máquina de fax", isto é, o banheiro, passaríamos a usar. Era o pior banheiro que tínhamos conhecido na África mas, ainda assim, era melhor do que o do nosso acampamento. O hotel, muito bonito, ficava no ponto mais alto da região. Era de madeira, mas sua construção aproveitava as pedras do local. Uma das paredes do restaurante principal era formada por uma gigantesca pedra.

Da varanda do hotel, com o auxílio das lentes teleobjetivas do Claus e do Roberto, podíamos ver o horizonte e o movimento de zebras e gnus. O pôr-do-sol era um espetáculo imperdível. Vimos também um balão levantando vôo com um animado grupo de ingleses. Este serviço estava disponível no parque todas as manhãs. Quem quisesse poderia tomar o café da manhã a bordo do balão, dando uma volta no parque. Não achei graça naquilo, principalmente depois que soube o preço do passeio: US$ 500 por pessoa.

Mas não foi só o preço que me fez ficar em terra firme. É que aquele balão era de ar quente e não tinha nenhuma dirigibilidade. Eu já usara balões dirigíveis em expedições pelo Brasil. Em 89, por exemplo, usamos numa expedição à região do Desengano, no estado do Rio de Janeiro, um dirigível da Kodak pilotado por um amigo, Bruno Schwartz, um francês que largou tudo para se dedicar a essa atividade no Brasil. Bruno era um dos maiores especialistas em balonismo do mundo, e ao me lembrar de nossos passeios achei aquele balão do Serengeti muito sem graça.

No final da tarde voltamos para o acampamento, que estava quase pronto. Dava para notar que era tão confortável quanto o anterior. Enquanto esperávamos pelo jantar ficamos brincando com nossos novos vizinhos, uma família de babuínos. Havia uns 30 macaquinhos que corriam de um lado para o outro fazendo palhaçada – ou macaquices – como se estivessem dando as boas-vindas. O acampamento ficava ao lado de enormes pedras e os babuínos moravam ali perto.

A noite caiu rápido e fomos dormir logo depois do jantar. Decidimos que sairíamos no dia seguinte antes do nascer do sol para pegarmos os primeiros movimentos dos animais. Além disso, essa era a melhor hora para se fotografar por causa da beleza da luz.

Acordamos cedo, tomamos o café da manhã e partimos. Logo descobrimos que tinha sido uma ótima idéia, pois pegamos uma família inteira de leões acordando. Ao lado, havia a carcaça de um búfalo praticamente sem carne, só ossos ensangüentados. Ficamos imaginando qual dos leões ou leoas (que normalmente são as caçadoras) teria abatido o búfalo. Só tínhamos uma certeza: a luta tinha sido violenta.

À medida que a manhã avançava, os carros de turistas iam aumentando o movimento na estrada sem, no entanto, perturbarem os animais que agora apareciam em nossa frente a cada minuto. Vimos algumas chitás, uma espécie de pantera que alcança cem quilômetros por hora e é considerada o mais veloz de todos os felinos. Vimos também búfalos, girafas, zebras e gnus. Só não pudemos ver direito os hipopótamos.

Às 11 horas o sol já estava insuportável e o movimento do parque caiu consideravelmente, pois ninguém agüentava o calor forte. Até os animais se recolhem e só voltam a circular a partir das três horas da tarde. Diante disso, resolvemos voltar para o acampamento para almoçar, checar os equipamentos e tirar uma soneca.

Vida
de leão

*Ai de quem falar em machismo
no mundo animal!*

EM NOSSO PRIMEIRO DIA no Serengeti passamos a tarde nos divertindo com as palhaçadas dos babuínos. O Claus, o Roberto e o Kito se fartaram de registrar com suas câmeras as brincadeiras dos macacos que logo perceberam que eram o centro das atenções. Simpáticos e muito espertos, eles se comportavam como verdadeiros artistas – os machos fingiam brigar e os filhotes davam inúmeras cambalhotas.

Num desses dias, voltando para o acampamento, surpreendi um deles tentando abrir o fecho *éclair* de minha barraca. Ele provavelmente tinha visto eu fazer aquele movimento várias vezes e tentava reproduzi-lo. Desde então, passamos a amarrar os fechos com arames. Imagine o que eles fariam se conseguissem entrar nas barracas!

O John contou que viu um deles tentando desamarrar o arame da barraca do Roberto e da Margarida e resolveu pregar uma peça nos bichos. Só que nós também sofremos com isso. Engenhoso, o John preparou três armadilhas, uma para o Kito e para o Caco, outra para mim e para o Claus e uma terceira para os macacos. Como a Margarida e o Roberto ficaram de fora da brincadeira, desconfiamos que tinham sido cúmplices das traquinagens do John.

A primeira armadilha foi descoberta pela manhã. Quando o Kito abriu o zíper da barraca, ouviu-se um barulho de explosão. Parecia uma bombinha de São João. Levei o maior susto e quando abri o zíper da minha barraca para ver o que estava acontecendo, explodiu outra. Novo susto. Mas levamos tudo na brincadeira, até porque estávamos encantados com a habilidade do John.

Mas a terceira armadilha era mais elaborada. Ele armou um mecanismo numa banana que estava perto da lixeira do acampamento, um lugar onde os babuínos sempre brincavam e faziam a maior sujeira. Quando o pobre macaquinho pegou a banana, ela explodiu. Ele não se machucou, mas levou o maior susto e saiu em disparada pelo acampamento e nunca mais chegou perto do nosso lixo.

O problema com a câmera do Kito nos deixou preocupados. Resolvemos ir até o hotel ver se conseguíamos uma câmera 8mm emprestada com algum turista para tentar reproduzir as imagens feitas mais recentemente e checar se elas estavam mesmo inutilizadas. Talvez o próprio hotel tivesse uma câmera para alugar. Mas, para nosso azar, não conseguimos nenhuma máquina com sistema de vídeo NTSC, americano. Todas usavam o sistema europeu Pal-G. Estávamos quase desistindo, quando apareceu um japonês com uma câmera de vídeo NTSC. Explicamos o problema e ele nos deixou reproduzir as imagens que, logo percebemos, apresentavam defeitos.

Continuar filmando daquele jeito seria muito arriscado e resolvemos tentar conseguir uma outra câmera para o Kito. Quando voltamos ao Brasil descobrimos que o Kito estava certo: a partir do Olduvai Gorge, todas as imagens apresentavam defeitos.

No caminhão, passamos um rádio para o Crater Lodge, onde pensávamos ter visto uma câmera 8mm. Ela realmente existia. Eu e o Caco combinamos de sair no dia seguinte bem cedo com nosso motorista mais rápido – o Ligeirinho levaria uma semana para chegar – enquanto os outros permaneceriam no acampamento observando os animais e fotografando. Se fosse o caso, até compraríamos a tal câmera.

Ainda nessa tarde, antes de sair do Seronera Lodge, tentei mais uma vez localizar a Lisa. Não consegui e me convenci de que ela realmente estava fazendo um caminho inverso ao meu. Só me restava procurá-la quando tivesse à mão um telefone decente – no caso, o de Nova York, onde passei uma semana a trabalho na volta da África antes de viajar para o Rio de Janeiro.

Quando saíamos do hotel, vimos um Land Rover com a capota aberta e um babuíno fazendo a maior bagunça. Sem ninguém por perto, ele se divertia jogando para o alto biscoitos, roupas e os equipamentos do jipe. Enquanto o Ligeirinho tentava espantar o macaco, corri para avisar o dono do carro. Bem-humorado e experiente, ele disse:

– Ah, tudo bem, ali não tem mesmo nada de valor.

Dois dias depois o encontramos e ele nos contou que era médico do Médicins du Monde, um grupo derivado do Médicins Sans Frontières que se dedica quase que exclusivamente ao tratamento de aidéticos na África. São médicos franceses e ingleses cuja base fica em Uganda, exatamente onde o Caco pretendia fazer uma reportagem sobre a Aids. Gentilmente ele se prontificou a nos ajudar, caso o Caco conseguisse autorização da TV Globo para o trabalho em Uganda. Deu algumas dicas e ali mesmo o Caco começou a traçar os planos para a reportagem.

De volta ao acampamento, a Margarida nos contou que ela e o Roberto tinham visto uma manada com uns cem elefantes ali pelas redondezas. Combinamos visitar o lugar dali a dois dias. Antes tínhamos de voltar ao Ngorongoro e tentar conseguir uma câmera para o Kito.

No Crater Lodge, explicamos nosso problema ao gerente e perguntamos pela câmera. Ele disse que não poderia emprestá-la, mas estava disposto a vendê-la. O Caco examinou o equipamento e ficou surpreso: tratava-se de uma câmera com mais recursos do que a que o Kito estava usando. O gerente pediu um preço justo por ela e fechamos negócio. Achei elegante da parte dele, pois poderia se aproveitar da nossa situação que, diga-se de passagem, era de puro desespero. Mais tarde o Caco me contou que comprou o equipamento para uso próprio.

Como já era tarde e não conseguiríamos chegar ao parque antes de escurecer, decidimos passar a noite ali mesmo no Crater Lodge. Só que não havia vagas e o gerente, com mais uma gentileza, ofereceu-se para nos hospedar em sua própria casa. Aceitamos, jantamos no hotel e fomos dormir depois de avisarmos pelo rádio do carro ao pessoal em Serengeti que só chegaríamos pela manhã.

O dia seguinte era de festa – 31 de dezembro, último dia de um ano que tinha sido muito especial para mim. Fiquei pensando nisso antes de pegar no sono. Estava feliz com o sucesso da expedição, com o fato de o Pró-Natura ter consolidado sua internacionalização e, principalmente, por ter conhecido a Lisa. O sucesso de 93 era um bom presságio para a realização dos muitos planos que eu tinha para 94.

Partimos cedo rumo ao acampamento. Durante a viagem, o Caco aproveitou para fazer o planejamento da retomada das cenas cujas imagens apresentavam defeito. O Kito filmaria tudo de novo quando saíssemos do Serengeti.

Chegamos na hora do almoço e, enquanto comíamos, o Kito, o Claus e o Roberto contaram as novidades. Na véspera, tinham fotografado o abate de um búfalo por um grupo de leoas e um leopardo tentando caçar um filhote de zebra que só conseguiu escapar porque as zebras fêmeas entraram na briga.

O Caco entrevistou o Claus, que deu um *show* ao falar sobre meio ambiente e vida selvagem. Essa entrevista não foi ao ar no *Globo Repórter*, mas passou isoladamente num *Fantástico*. Nesse dia, no final da tarde, vimos um bom exemplo dessa vida selvagem. Um leopardo tinha caçado uma zebra e comido metade dela. A outra metade estava em cima de uma árvore. Esperamos para ver o que aconteceria. Uns 15 minutos depois, sem a menor cerimônia, ele subiu na árvore, abocanhou a metade da zebra, jogou-a no chão e a levou embora, arrastando-a. Provavelmente queria privacidade para acabar seu jantar, já que ali havia muitos curiosos.

Voltamos ao acampamento animadíssimos para a ceia mas, antes de ir para a mesa, tomamos banho e pusemos roupa limpa. O jantar sairia cedo, antes da meia-noite, pois eu e o Caco estávamos cansados por causa da viagem e os outros tinham passado o dia passeando e fotografando. O Kito estava animadíssimo com a nova câmera e aproveitou para refazer algumas imagens. Antes do jantar, o Claus fez outra foto da equipe, dessa vez em volta da fogueira.

O *menu* da ceia tinha arroz, feijão, peixe, frango, carne, sopa e saladas. Nada muito sofisticado nem à altura das bebidas: champanha e vinhos franceses. A ceia transcorreu sem surpresas – ninguém pediu ninguém em casamento, até porque a Margarida era a única mulher do grupo e ela já estava comprometida. Conversamos bastante sobre nossos planos para 94, mas antes da meia-noite já estávamos todos dormindo. Portanto, um *réveillon* nada emocionante.

Antes de ir para a barraca, subi no alto de uma pedra e fiquei ali por alguns momentos sozinho, em silêncio, pensando e admirando a lua minguante, que estava linda. Olhando para aquele horizonte profundo fiz meus pedidos para o Ano-Novo. Eu tinha mudado muito nos últimos tempos. Partira do mais completo ceticismo para a fé inabalável numa força superior da qual nem o nome eu sabia. Reconheço que o processo de conquista de nossos sonhos e objetivos passa pela força do pensamento e pela firme determinação de se conseguir o que se quer. Agora passara a acreditar que essa conquista depende também da fé.

As pessoas dão os mais diferentes nomes a essa força maior. Deus é o mais comum. Mas acho que tudo é uma só força que não conhecemos. Hoje acredito que existe uma ajuda externa, uma força que vem de fora e pode nos mover em alguma direção. Às vezes acho que esse poder vem de dentro e se chama força de vontade.

Pensei também na Lisa e lembrei que aquela lua também a estaria iluminando onde quer que ela estivesse. Mais tarde conversamos sobre isso e descobrimos que naquele mesmo momento pensamos nas mesmas coisas. Uma coincidência de desejos e pensamentos que existe até hoje. Não sei quanto tempo fiquei ali, mas quando voltei, todo mundo já havia se recolhido para as barracas.

Na manhã seguinte, saímos bem cedinho. Teríamos uma longa viagem pela frente, pois atravessaríamos todo o parque para visitar uma área que ficava no meio do caminho da migração dos animais. Os primeiros que encontramos foram leões – uma família com macho, seis leoas e seus filhotes. Os animais caminhavam de um jeito estranho, alguns em posição de ataque. Logo descobrimos por quê. Havia mais à frente uma família de javalis. Esse era, certamente, o objetivo das leoas que assumiam a postura de ataque.

Os filhotes observavam tudo, atentamente, como se estivessem aprendendo a caçar, mas o leão ficou descansando debaixo de uma árvore. Vida de leão é assim: enquanto as leoas dão duro caçando, ele descansa. Elas levam o animal abatido para o leão e só quando ele se dá por satisfeito é que as fêmeas e seus filhotes começam a comer o que sobrou. E ai de quem falar em machismo no mundo animal!

De repente, as leoas começaram a andar agachadas. O vento estava contra elas e não deixava que os javalis sentissem o cheiro do inimigo. As leoas se aproximaram com cuidado e partiram para o ataque. A correria durou dez minutos mas, no final, os javalis conseguiram escapar. Em geral, o índice de sucesso desses ataques é muito baixo, principalmente quando se trata de leões. Em cerca de apenas oito por cento desses ataques os leões são bem-sucedidos e conseguem abater a presa.

Seguimos viagem e cruzamos com milhares de gnus que migraram do Parque Maasai-Mara, no Quênia, para o Serengeti. Paramos para fotografar e acabamos ficando ali mais de uma hora, descansando e lanchando. Centenas de animais passaram por nós na estrada. Corremos todo o parque e o Kito e os fotógrafos fizeram imagens lindas dos morros e das savanas que naquele ponto tinham mais árvores. No final da tarde, antes de voltarmos ao acampamento, passamos no Hotel Seronera onde, no *lobby*, sempre acontecia alguma confraternização entre os turistas vindos de todas as partes do mundo. Além disso, a parada ali era obrigatória para se assistir ao pôr-do-sol que, no alto das pedras, era inesquecível e, claro, "passar um fax"!

Nessa tarde, conheci um homem cuja família era dona de grandes reservas de caça na África do Sul. Conversamos sobre o manejo sustentado da fauna como base para o desenvolvimento de uma região e falei sobre o trabalho do Pró-Natura e o Brasil.

Concordamos que, quando se controla cientificamente a reprodução de algumas espécies animais que são alvo de caçadores e se passa a cobrar caro pela caça – como acontece em alguns parques africanos –, as comunidades que vivem naquelas áreas são indiretamente beneficiadas. Isso porque esse dinheiro pode ser usado na conservação dos animais e da própria área. Alguns dos mais importantes grupos ambientalistas do mundo já admitem essa forma de caça.

Desse contato no Serengeti nasceu uma saudável relação entre o Instituto Pró-Natura e o sistema de parques nacionais da África do Sul, que mantemos até hoje. Com o fim do *apartheid*, os diretores do Pró-Natura inglês também passaram a se interessar pelo assunto e a auxiliar na captação de recursos através de empresas privadas e estatais sul-africanas.

Fim
de festa

> *Percebi como a aventura fascina as pessoas e como poderia trazer felicidade para elas.*

DOIS DE JANEIRO DE 1994. Nosso último dia no Serengeti. Dia das últimas fotos, dos últimos registros, das despedidas. O Claus, o Roberto e o Kito receberam pela manhã um presente inesperado – viram uma família de leões devorando um búfalo bem próximo ao nosso acampamento. O leão já se fartara comendo as partes mais macias do animal, deixando os restos para as leoas. Quando todos estivessem satisfeitos, iriam dormir deixando a carcaça para ser aproveitada pelos outros animais da floresta – hienas, abutres e urubus – que assim cumpririam o ciclo de vida e de morte.

Mas nem só de morte e destruição vive a selva. Também se namora muito por lá. Nessa mesma tarde, vimos um casal de leões no maior romance – sem nenhuma privacidade, pois escolheram para a lua-de-mel um canto a cinco metros da estrada principal que passa pelo acampamento.

Namoro de leão mistura romantismo e violência. Quando uma leoa entra no cio, os machos passam a brigar por ela, pata a pata. Eles se machucam bastante e o vencedor da disputa leva a mocinha para outro lugar onde possam fazer amor em paz. E aí, durante cinco, até sete dias, eles se acasalam com intervalos que variam de cinco a 15 minutos, no máximo. É uma atrás da outra, ininterruptamente. Na certa vem daí a expressão "dose pra leão".

Confesso que fiquei com pena daquele leão. Quando chegamos, os dois estavam esparramados no chão, um para cada lado, língua de fora, a leoa com uma cara marota e satisfeita. Um grupo de turistas ingleses chegara pouco antes e contou que eles já haviam transado cinco vezes.

Cinco minutos depois, a leoa começou a balançar o rabo, se levantou, espreguiçou-se languidamente, rosnou e se encostou no macho que se fingiu de desentendido e continuou deitado, os olhos fechados, a língua de fora. Aparentemente o coitado estava exausto. Mas, depois de dar três esbarrões no leão, a moça resolveu ser mais explícita: agachou-se, deu as costas para o namorado e se encostou no focinho dele.

O leão não pôde mais ignorar a cantada. Levantou-se meio trôpego e compareceu. Para sorte dele, o acasalamento propriamente dito dura uns dez segundos. Ele morde o pescoço dela e logo os dois urram com toda a força de seus pulmões. Em seguida, o macho sai cambaleando, cai para o lado e dorme imediatamente, como se tivesse sido atingido por um raio. Ela rola para o outro lado e vira de barriga para cima, feliz da vida. Juro que a vi sorrir. Só faltou pedir um cigarro.

Durante a hora seguinte, aconteceram pelo menos uns oito acasalamentos. Nossos fotógrafos e o Kito registraram vários deles, mas se cansaram de filmar. Só assim pudemos deixar o casalzinho em paz e voltar para o acampamento.

A tal manada com mais de cem elefantes que o Roberto e o Claus tinham visto três dias antes passou por nós. Havia machos, fêmeas e filhotes, estes completamente dependentes das mães. Quando perceberam nossa presença, os pais, instintivamente, se agruparam em torno dos filhotes para protegê-los. Filmamos, fotografamos e nos despedimos. Voltamos ao acampamento e fomos dormir.

Apesar das paisagens deslumbrantes, das cenas incríveis, das surpresas agradáveis e do convívio amistoso, estava na hora de voltar para casa. Tudo o que queríamos era arrumar as malas, desarmar o acampamento, pegar a estrada para a Arusha e tomar o avião de volta. Nos despedimos do John e dos ajudantes, distribuímos presentes e gorjetas e partimos, decididos a almoçar no Crater Lodge e de lá seguir direto para Arusha.

Apesar da chuva forte, nossa viagem foi sem incidentes e chegamos à cidade já de noitinha. Fomos para o Mount Meru Game Lodge apanhar nossos equipamentos de alta montanha. Jantamos e recebemos a visita do representante da A&K com uma má notícia para o Caco e o Kito: a KLM não tinha conseguido estender as passagens deles até Uganda. Assim, a matéria sobre a Aids fora cancelada. Uma pena, pois os dois estavam animadíssimos. Antes de dormir, deixamos tudo arrumado para sair bem cedo na manhã seguinte.

Nosso avião para Amsterdã sairia à noite. Só eu e o Claus não voltaríamos para o Brasil. Ele desceria na Alemanha para se encontrar com a família e eu seguiria para Nova York e Washington, onde acertaria os ponteiros para a inauguração do Pró-Natura nos Estados Unidos com escritórios nessas duas cidades e representantes em San Francisco, Los Angeles e Vermont. Só voltaria ao Rio em dez dias.

Antes de ir para o aeroporto passamos por Arusha para apanhar as peças que tínhamos encomendado na ida. Era carga demais e ficamos apavorados com a possibilidade de ter de pagar muito pelo excesso de bagagem. Combinamos que eu só levaria para os Estados Unidos o que precisasse e que a turma que viria para o Brasil traria minha bagagem. Eu só precisava dos ternos e sapatos que tinha deixado no aeroporto de Amsterdã.

Nossa despedida da África foi num lindo entardecer com tempo claro e direito de ver de longe o Kilimanjaro. Na volta, reclamei da moleza do Ligeirinho que, felizmente, tomou jeito e conseguiu emparelhar com o outro carro. Chegamos juntos ao aeroporto e nos despedimos dele emocionados.

Procurei o gerente da KLM disposto a choramingar para conseguir embarcar aquela bagagem toda. Mas era cedo e ninguém havia chegado. Melhor assim. Expliquei ao funcionário da companhia o que tínhamos ido fazer na Tanzânia, reconheci que trazíamos muita bagagem, mas disse que dificilmente teríamos dinheiro para pagar o excesso. Num último suspiro, pedi-lhe ajuda. Depois de todos os descontos obtidos, ainda teríamos de pagar por 200 quilos de excesso. O gerente saiu, fez uma série de contas e voltou, gentilíssimo, dizendo que cobraria apenas por 40 quilos extras. Mais conformado, perguntei quanto seria.

– Acho que você não vai gostar de saber – respondeu.
– É, acho que não – concordei.

E até hoje eu não sei quanto foi, pois ele liberou nossa carga de graça.

O avião estava lotado e tivemos de nos sentar separados. Dormimos a viagem toda e chegamos a Amsterdã pela manhã. Escolhemos um pequeno hotel próximo ao aeroporto para tomar banho e descansar até o próximo vôo. Eu seria o primeiro a embarcar, ao meio-dia. O Claus viajaria à noite e o pessoal do Brasil, mais tarde ainda. Nos despedimos.

Eu, o Kito, o Roberto e a Margarida só fomos nos reencontrar no Rio duas semanas depois. O Claus continuava na Alemanha e o Caco não pôde vir de São Paulo. O Roberto e a Margarida estavam de malas prontas. Embarcariam para o sul da Bahia, onde começariam a construir a pousada, o mais novo sonho do casal. O Caco e o Kito já tinham voltado para a rotina do jornalismo da TV Globo. O *Globo Repórter* sobre a nossa expedição foi ao ar dois meses depois. Um sucesso total, imagens lindas, texto primoroso.

No cume do Aconcágua tive um *insight,* uma inspiração de rara felicidade. Percebi como a aventura fascina as pessoas e como pode trazer felicidade para elas. E descobri que eu poderia contribuir para isso relatando minhas expedições em livros e mostrando que devemos sonhar e perseguir nossos sonhos. Daí esse livro e outros que ainda pretendo escrever, se tudo correr bem.

Aos 36 anos, continuo correndo de um lado para o outro do mundo atrás dos meus sonhos. Sempre e cada dia mais. Corro atrás do Pró-Natura, das próximas expedições, como corri atrás da Lisa. Eu a reencontrei em março de 94, em Paris, e nunca mais nos separamos. Em maio de 95, nos casamos.

Este livro foi composto por
ArtDupla Design
Rua 13 de Maio, 23 – Rio de Janeiro, RJ
e impresso nas oficinas da
Editora Vozes Ltda.
Rua Frei Luís, 100 – Petrópolis, RJ
para a
Livraria José Olympio Editora S.A.
em junho de 1996

*

64º aniversário desta Casa de livros, fundada em 29.11.1931

Qualquer livro desta Editora não encontrado nas livrarias pode ser pedido, pelo reembolso postal, à LIVRARIA JOSÉ OLYMPIO EDITORA S.A.

Rua da Glória, 344/4º andar
20241-180 – Rio de Janeiro, RJ
PABX: (021) 221-6939 – Fax: (021) 242-0802